Queen Mary 2
BLOHM+VOSS DOCK ELBE 17

HAMBURG

Erste Seite:
An den Landungsbrücken schlägt das Herz des Hafens. Nur wenige Meter von der weltweit größten schwimmenden Schiffsbrücke werden in den Docks von Blohm und Voss selbst die größten Fracht- und Kreuzfahrtschiffe überholt. An diesem magischen Ort an der engsten Stelle der Elbe steht die Stadt nie still.

Rechts:
Kein Blick auf die Stadt ist so schön wie der vom „Michel", der Hauptkirche St. Michaelis. Wo heute das breite Band der früheren Ost-West-Straße verläuft, drängten sich bis zum Zweiten Weltkrieg die Häuser des alten Gängeviertels dicht an dicht. An die verheerenden Zerstörungen, die das Gesicht der Hamburger Innenstadt völlig veränderten, erinnert als Mahnmal die Ruine der Nikolaikirche.

Bilder von
Walter Fey und Max Galli
Texte von
Nadine Kraft und Reinhard Ilg

Seite 4/5:
Hamburgs neues Wahrzeichen ist die Elbphilharmonie, der Michel hat sein Monopol verloren. An der Sichtachse der Elbe gelegen, glänzt der gläserne Aufbau des größten Konzerthauses Nordeuropas weithin sichtbar. Mit dem Umbau des ehemaligen Kaispeichers A, eines Lagerhauses für Kaffee, Tee und Bananen, zu einem Kulturtempel, verweist Hamburg stolz auf die für sie typische Verbindung von Handel und Kultur.

Rechts:
Hamburg war stets eine Bürgerstadt ohne Adel und Schloss. Dem Selbstbewusstsein der Stadt hat das nicht geschadet, die wehrhafte Burg des Stadtwappens, das in dieser Form seit 1834 Gültigkeit hat, kommt an der mächtigen Fassade des Hamburger Rathauses besonders deutlich zur Geltung: Wir sind die Freie und Hansestadt Hamburg.

Inhalt

Seite 8/9: *Nur wenige Kilometer flussabwärts des Stadtzentrums kann man schon etwas Nordseeatmosphäre schnuppern. Wie hier am Falkensteiner Ufer laden feine Sandstrände zum Spazierengehen oder Faulenzen ein. Der Rhythmus von Ebbe und Flut bestimmt das Geschehen, nicht selten wirft der Wind schon Wellen.*

Seite 10/11: *Das Wandrahmfleet in der Speicherstadt umspült mit St.-Annen-Fleet und dem Holländischbrookfleet die Wandrahminsel in der Speicherstadt. Das Lagerhausquartier aus den 1890er-Jahren fasziniert wie kein zweiter Stadtteil durch seine konsequente Geschlossenheit. Die Schönheit und das Konzept dieser Stadt in der Stadt lassen sich von der Wasserseite am besten erkennen.*

DETTIFOSS
EIMSKIP

EIMSKIP

HAMBURG, EINE HERZENSANGELEGENHEIT

Hamburgs historisches Zentrum: Wie ein Spiegel verdoppelt die Binnenalster die Silhouette der Stadt mit den Türmen der Jacobikirche, der Petrikirche, von Rathaus und Katharinenkirche.

Hamburg, eine Herzensangelegenheit

Wer die verspielte Leichtigkeit des Südens liebt, hat es mit Hamburg meist schwer. Wer die Klarheit des Nordens und die Brüche einer Millionenmetropole schätzt, wird hier glücklich. Hamburg ist ganz sicher nicht herzlich, aber Hamburg ist eine Herzensangelegenheit. Wer hier lebt, findet es an Elbe und Alster wunderbar – oder sucht mehr oder weniger offensiv die beglückendere Alternative. „Einfach so" ist man in Hamburg einfach nicht zuhause. Und dennoch oder vielleicht gerade deshalb ist Hamburg in. Die Einwohnerzahlen steigen kontinuierlich, die jährliche Steigerungsrate bei Touristen aus aller Welt liegt konsequent im zweistelligen Bereich. Alle wollen diese Stadt sehen, die sich längst vom angeblichen Makel der ewigen Nummer zwei hinter Berlin losgesagt hat. Selbstbewusstsein ist Trumpf, wir machen unser Ding. Was wir können? Alles.

Hamburg sei ungemütlich, die Menschen reserviert und es regnet ständig, behaupten die Kritiker der Stadt gebetsmühlenartig. Sie ist vielfältig, pulsierend, anregend und in Deutschland alternativlos, sagen ihre Fans. Das liegt zum einen an der Größe der Stadt, auf deren 755 Quadratkilometer großen Fläche Süddeutschlands Landeshauptstädte Wiesbaden, Stuttgart und München gemeinsam Platz fänden. Es liegt am rund 130 Quadratkilometer großen Hafen, der sich zwischen Norder- und Süderelbe erstreckt und von Schiffen wirklich aller Herren Länder angelaufen wird. Dass Hamburg so polarisiert, liegt ganz sicher auch an der Schere zwischen Wohlstand und Armut mit all ihren Erscheinungsformen, die Hamburg zur amerikanischsten aller deutschen Städte macht. Von den glänzenden, millionenschweren Fassaden rings um die Binnenalster bis in die Seitenstraßen St. Paulis sind es gerade mal 30 Minuten Fußweg. Nirgendwo sonst in Deutschland gibt es so viele Millionäre und Milliardäre wie in Hamburgs Westen und Osten, doch jedes vierte Kind der Stadt lebt von der Sozialhilfe.

Das Dockland am Altonaer Elbufer gehört zur Reihe der architektonischen Juwele, die der gebürtige Iraner Hadi Teherani für seine Wahlheimat Hamburg entworfen hat. Die Aussichtsplattform bietet Platz für jede Menge maritime Leidenschaften. Das Kommen und Gehen der Schiffe, hier die „Queen Mary 2" auf ihrem Weg in die weite Welt, hat an diesem Ort eine besondere Qualität.

Das Bild der Stadt

Wer aus dem Süden nach Hamburg kommt, ist auf den Elbbrücken oder im Hafengetümmel vor dem Elbtunnel der A7 am Ziel. Hier findet die Sehnsucht nach Weite, Meer und fremder Welt ihre Befriedigung. Hier ist es der unverstellte Blick auf die Kais und Schiffe der Elbe, die sich in Richtung Westen verliert, dort sind es die riesigen Containerschiffe inmitten der wie Bauklötze wirkenden Containerberge und Verladekräne. Es ist das Relief der Stadt mit ihren traditionellen Platzhirschen wie Michel, Fernsehturm und Rathaus, die sich aber immer stärker der merkantil geprägten Phalli aus Glas und Beton erwehren müssen. Unübersehbar ist die neue Ikone der deutschen Kulturlandschaft, die Elbphilharmonie am Westrand der HafenCity. Wer Hamburg kennt, wird schnell feststellen, dass die Jahrhunderte alte Tradition stetiger Bautätigkeit gepflegt wird: immer mehr Freiflächen verschwinden, letzte Baulücken werden geschlossen. Verschönerung ist allenthalben angesagt. Dass dies nicht immer freiwillig geschieht, steht auf einem anderen Blatt. Der Druck auf Mieten und Kaufpreise in Hamburgs angesagten Vierteln wie Eimsbüttel, Ottensen oder Hoheluft ist so hoch, dass immer mehr Mieter den Weg in die alten Arbeiterstadtteile wie Rothenburgsort, Hamm oder Horn finden. Die deutlichsten Veränderungen stehen allerdings Wilhelmsburg bevor. Mit einem „Sprung über die Elbe" will die Hansestadt das traditionell vernachlässigte Wilhelmsburg wieder hoffähig und zum festen Bestandteil des Projekts der „Wachsenden Stadt" machen. Wenn der Lückenschluss nach Harburg klappt, wird die Stadt ihren Charakter noch einmal verändern und der Süden deutlich stärker in den Fokus rücken.

Hamburgs langer Weg zur Großstadt

Man muss bis in das 9. Jahrhundert zurückschauen, um die ersten Spuren Hamburgs zu entdecken – die aber heute noch sichtbar sind: Am Speersort, zwischen der Petrikirche und den Fleeten der Speicherstadt gelegen, wurden bei Grabungen Reste der um 810 errichteten Hammaburg gefunden, einer Schutzburg für die Menschen einer benachbarten Taufkirche. Erster Bischof des neuen Bistums Hamburg war der für die Christianisierung der nordeuropäischen Länder Dänemark und Schweden eingesetzte Ansgar. Im Kampf um Glauben, Handel und Einfluss wird die Hammaburg schon 845 durch kriegerische Wikinger zerstört. Doch die Besiedelung der Geestfläche an der Mündung der Alster in die Elbe schreitet voran. Schon Mitte des 12. Jahrhunderts lässt Graf Adolf III. von Schauenburg die Alster an ihrem unteren Lauf stauen, um ihre Wasserkraft gezielt zum Betreiben von Kornmühlen einzusetzen. Wenn im Hamburger Hafen jedes Jahr im Mai ein Millionenpublikum den Hafengeburtstag feiert, bezieht sich das Fest auf einen Freibrief, mit dem Kaiser Friedrich Barbarossa 1189 den Bürgern der Stadt freie Fahrt auf der Elbe zusicherte. Seine dominante Rolle als Dreh- und Angelscheibe der städtischen Entwicklung hat der Hafen seither bewahrt. Mit der Aufnahme Hamburgs in den Bund der Hanse im Jahr 1321 erhält die wachsende Stadt einen neuen Schub, deren Einwohner um 1350 bei Ausbruch der Pest schon die Zehntausender-Marke überschritten hat. Seinen Status als Freie Reichsstadt erhält Hamburg 1510 auf dem Augsburger Reichstag durch Kaiser Maximilian I. Nur wenige Jahre später stellt sich der Rat der Stadt hinter die protestantische Kirchenordnung; in allen großen Gotteshäusern der Stadt wird seither der evangelische Glaube gelehrt. Das Zentrum der Katholiken in Hamburg bildet heute der Mariendom im Stadtteil St. Georg.

Auch für die Wirtschaft der Stadt ist das 16. Jahrhundert entscheidend, öffnet doch 1558 in Hamburg die erste deutsche Börse. Im Übrigen ein

Das Chilehaus gilt als eines der schönsten Beispiele des sogenannten Backsteinexpressionismus. Der Name des Kontorhauses, das gemeinsam mit dem Sprinkenhof zum Weltkulturerbe zählt, ist eine Referenz an den Hamburger Kaufmann Henry Brarens Sloman. Dieser verdankte seinen Wohlstand dem Salpeterhandel mit Chile.

Welche Großstadt kann sich schon rühmen, einen richtigen Strand zu haben, den man aus dem Zentrum in wenigen Minuten mit dem Bus oder Fahrrad erreichen kann. Selbst das Baden in der Elbe ist mittlerweile (fast) gefahrlos. Die Wende 1989 brachte der Elbe enorme Verbesserungen bei der Wasserqualität.

Schelm, der sich darüber wundert, dass sich die heutige Börse aus dem Jahr 1841 am Adolphsplatz in einem Gebäudeverbund mit dem Rathaus befindet. Auch aus dem Dreißigjährigen Krieg ging Hamburg gestärkt hervor: Während weite Teile Deutschlands in Not und Leid versanken, konnten die mittlerweile 40 000 Bewohner Hab und Gut bei ausreichenden Lebensmittelvorräten sichern. Eine Zäsur besonderer Art bedeutete die Verleihung der Stadtrechte an das benachbarte Altona durch den dänischen König Friedrich III. im Jahr 1664. Direkt vor den Toren Hamburgs war ein Konkurrent erstanden, dessen geschäftiges Gebaren über Jahrhunderte für lebhaften Wettbewerb entlang der Elbe sorgen sollte. Sichtbares Symbol ist die Straße Große Freiheit, eine kleine Seitenstraße zur Reeperbahn an deren Westende. Wie die benachbarte Kleine Freiheit bot sie auf der in vielerlei Hinsicht freieren Altonaer Seite zum Beispiel Kirchen und nicht einer Zunft angehörenden Handwerkern eine Heimat. Aus diesem Grund steht auch die barocke katholische St.-Joseph-Kirche aus dem Jahr 1721 an diesem Ort, der als lärmende Vergnügungsmeile Kultcharakter genießt. Heute hat hier Hamburgs polnische Gemeinde ihre Heimat gefunden.

Die Freie und Hansestadt

Aufgrund der lange umkämpften Einigung von Rat und Bürgerschaft auf die gemeinsame Ausübung höchster Gewalt gewinnt Hamburg 1712 wieder an politischer Schlagkraft. Mit dem Beitritt der Stadt zum Deutschen Bund als „Freie und Hansestadt" werden Konsequenzen aus der napoleonischen Besetzung zwischen 1806 und 1814 gezogen. Der Sieg Preußens über die dänischen Truppen im Jahr 1864 brachte ein Jahr später das Ende der dänischen Hoheit über Altona mit sich. Bis heute aber sind zahlreiche Spuren der dänischen Epoche erhalten. So zum Beispiel die klassizistischen Gebäude des Architekten C. F. Hansen in der Palmaille oder das Altonaer Rathaus, das ursprünglich das Kopfbahnhofsgebäude der 1844 eröffneten Ostseebahn nach Kiel war. Mit dem Bau der Hamburg-Altonaer Verbindungsbahn ab 1866, die über Sternschanze und Dammtor zum Hamburger Klostertor führte, entstand die heute am stärksten befahrene Bahnstrecke Deutschlands. Sie ist das Rückgrat des innerstädtischen Ost-West-Verkehrs und bildet die Klammer zwischen den größten Zentren Hamburgs.

Im 19. Jahrhundert führen der wachsende Welthandel und die schnell zunehmende Industrialisierung zu einem immensen Entwicklungsschub von Hafen und Stadt. Mit der Gründung der Reederei Hamburg-Amerikanische-Packetfahrt-Actien-Gesellschaft, der HAPAG, wurde Hamburg 1847 endgültig zur Weltstadt. Das Motto der Reederei „Mein Feld ist die Welt" war wie ein Fanal zum Aufbruch für die Stadt am Strom. Waren die ersten Schiffe im Verkehr mit New York noch Großsegler, kamen ab 1855 die ersten Dampfschiffe zum Einsatz. Zu dieser Zeit zählt Hamburg schon 250 000 Einwohner.

Kurz zuvor, in den Tagen vom 5. bis 8. Mai 1842, hatte ein Großfeuer, das in Hamburg seither nur als Großer Brand bezeichnet wurde, weite Teile der Altstadt Hamburgs in Schutt und Asche gelegt. Ausgangspunkt des Feuers war ein Haus in der Deichstraße am Nikolaifleet, seine Ausläufer züngelten aber bis zum Gänsemarkt und vernichteten große Teile der historischen Bausubstanz. Wer heute entlang der historischen Häuser der Deichstraße spaziert, findet das Haus „Zum Brandanfang" deutlich sichtbar. Die Straße Brandsende, die vom Ballindamm parallel zum Wallring zum Georgsplatz verläuft, markiert das räumliche Ende der Feuersbrunst.

Kamen beim Großen Brand nur wenige Menschen zu Schaden, bedeutete eine Cholera-Epidemie im Jahr 1892 für mehr als 8600 Menschen den Tod. Die widrigen hygienischen Verhältnisse der sogenannten, auf engstem Raum gebauten Gängeviertel innerhalb der Wallanlagen waren so schauderlich, dass sich der Arzt Robert Koch in einem Brief sogar an den Kaiser wandte: „Eure Hoheit, ich vergesse, dass ich in Europa bin. Ich habe noch nie solche ungesunden Wohnungen, Pesthöhlen und Brutstätten für jeden Ansteckungskeim angetroffen wie hier." Hamburgs Mut zu großen städtebaulichen Veränderungen, die immer mit Abriss und neuen Lösungen verbunden sind, kam in einem sozialpolitischen Akt der

Die Nähe der Hamburger Innenstadt zur Außenalster verleiht der Stadt einen faszinierenden Freizeitwert. Eine kleine Ruder- oder Segelpartie ist eigentlich immer drin; der nächste Anleger oder „Hafen" ist nie weit.

Erneuerung zum Ausdruck: Erst verschwanden die verfallenen Häuser der südlichen Neustadt, dann wurde mit der Kaiser-Wilhelm-Straße eine regelrechte Schneise durch das Gewimmel der engen Gassen geschlagen.

Mit dem planmäßigen Bau der Mönckebergstraße zwischen 1908 und 1914 wurde dem Wunsch entsprochen, den Hauptbahnhof mit Rathaus und Börse direkt zu verbinden. Die Stadt erwarb alle Grundstücke, ließ den kompletten Hausbestand abreißen und verkaufte die Freiflächen, auf denen sich heute Kaufhäuser und Fachgeschäfte aller Couleur finden, an die Meistbietenden. Zeitgleich wurde mit Hochdruck an der ersten U-Bahn-Linie, der sogenannten Ringlinie gebaut.

Den Nazis geschuldet: Das heutige Hamburg

Auf seine politische Unabhängigkeit war man in Hamburg seit jeher stolz. Dass ausgerechnet die Nationalsozialisten 1938 durch ihr „Groß-Hamburg-Gesetz" die Grenzen der Stadt deutlich verschoben, bedeutete zwar eine enorme Ausweitung in der Fläche, aber in der Folge zugleich eine radikale Beschneidung der politischen Freiheit. Mit den preußischen Städten Altona, Harburg-Wilhelmsburg und Wandsbek sowie dem im Südosten gelegenen Bergedorf wuchs die Hansestadt kraft Gesetz innerhalb eines Tages von 415 auf 745 Quadratkilometer, ihre Einwohnerschaft von 1,19 auf 1,68 Millionen. Auf der Strecke blieb durch die fast gleichzeitige Außerkraftsetzung der Hamburgischen Verfassung die Unabhängigkeit der Stadt. Fünf Jahre später, im Sommer 1943, sterben 45 000 Menschen im Bombenhagel und Feuersturm; rund 60 Prozent der Bebauung Hamburgs wird zerstört. Vor allem im Innenstadtbereich und in den östlichen Stadtteilen Rothenburgsort, Hamm, Wandsbek und Horn bleibt kaum ein Stein auf dem anderen. Wieder steht Hamburg nach dem Kriegsende vor der Herausforderung, sich ein neues Gesicht geben zu müssen. Und wieder entscheidet man sich für eine große Lösung: Vom Millerntor bis zum Klostertor wird quer durch die Stadt, am Michel vorbei, die sechsspurige Ost-West-Straße geschlagen. Mit dem Bau der Kennedybrücke über die Außenalster entsteht auch außerhalb der alten Stadtbefestigung eine leistungsstarke Verbindung zwischen den Stadtteilen westlich und östlich der Alster.

Höhenluft schnuppern in Hamburg: Mit 116 Metern Höhe über dem Meeresspiegel ist der Hasselbrack das natürliche Höhenmaß der Hansestadt. Er ist Teil der zerklüfteten Harburger Berge im Süden der Stadt, die zu ihren schönsten Naherholungsgebieten gehören.

Die große Flut

Noch einmal, im Januar 1962, wird Hamburg von einer Katastrophe heimgesucht, aus der die Stadt radikal Konsequenzen zieht, die bis heute das Stadtbild prägen. In der Nacht vom 16. auf den 17. Februar 1962 ließen bisher nicht gekannte Wasserhöhen als Folge einer schweren Sturmflut Hamburgs Deiche brechen. Vor allem die Bewohner der Wilhelmsburger Elbinsel, Finkenwerders und der Stadtteile nahe der Süderelbe wurden im Schlaf von den Wassermassen überrascht. Viele Häuser und Unterkünfte, die als Kriegsfolge oft noch provisorischen Charakter hatten, konnten keinen Schutz bieten, sodass 315 Menschen ihr Leben ließen. Als Folge der bei eingesessenen Hamburgern bis heute als traumatisch erlebten Katastrophe wurden Kommunikationsstandards

und Katastrophenschutz-Pläne festgelegt, insbesondere aber die Deichsubstanz verbessert. Besucher der Hansestadt können dies besonders gut an den Landungsbrücken verfolgen, wo Schutzmauern und Fluttore heute selbst bisher nie erreichte Wasserstände im Strom bändigen können. Heutige Sturmfluten bringen um Meter höhere Wasserstände in die Stadt, ohne Schäden anzurichten.

Die Erlebnisstadt

Hamburg ist laut, schnell und durchaus eitel. Zeigen wir, was wir uns leisten können. Wer es braucht, gibt sein Geld am Jungfernstieg, am Neuen Wall, in den Großen Bleichen, rings um die ABC-Straße oder im Stadtteil Eppendorf aus, wo sich die hochpreisige Welt der Kleidung und Möbel ein Stelldichein gibt. Eine andere Form des Shoppingerlebnisses sind die zahlreichen überdachten Einkaufspassagen im Stadtzentrum, das man in weiten Teilen trockenen Fußes entlang der Auslagen durchschlendern kann. Auch nicht ganz billig, dafür aber sehr modern und individuell präsentieren Szene-Läden ihre kreativen Waren im Karoviertel oder in Ottensen. Der merkantile Charakter Hamburgs zeigt sich auch sehr deutlich im Kulturleben der Stadt, das durch das Massenphänomen Musical Millionen Besucher aus aller Welt anzieht. Acts wie „Cats" oder „Der König der Löwen" wurden oder sind schon fester Bestandteil der Hamburger Kulturgeschichte, zahllose andere Produktionen kommen und gehen und füllen dazwischen die Kassen der Theater. Wer der Hochkultur den Vorrang gibt, wird in Hamburg aber mindestens ebenso erstklassig bedient. Mit dem Thalia-Theater, dem Deutschen Schauspielhaus, mit Staatsoper und John Neumeiers Hamburg Ballett verfügt die Hansestadt gleich über mehrere Leuchttürme des deutschen Kulturlebens. Gegenentwürfe wie das Schmidts Tivoli, das St. Pauli Theater oder das Imperial-Theater ziehen das Publikum seit Jahren auf den Kiez nach St. Pauli. Die Hamburgensie unter den Bühnen der Stadt findet sich seit 1893 am Steindamm im Stadtteil St. Georg. Das Hansa-Theater begeistert nicht nur mit erstklassigem Varieté, Artistik und Kleinkunst, sondern auch durch sein bestechend charmantes historisches Interieur. Typisch hamburgisch, dieser Spagat.

Seite 20/21: Vom Geestrücken der Elbchaussee bei Oevelgönne lässt sich die faszinierende Welt des Containerterminals in Waltershof besonders gut beobachten. Da die Elbbrücken die natürliche Grenze der Seeschifffahrt auf der Elbe sind, müssen neue Hafenareale nach Süden entlang der Süderelbe ausweichen. Wo noch vor wenigen Jahren ländliche Idylle herrschte, sausen heute die Verladekräne zwischen Schiff und Lager hin und her.

Die grünen Tunnel der Alsterkanäle wie hier am Goldbekkanal in Barmbek sind eine Parallelwelt zum geschäftigen Treiben hinter den Ufern. Die Wasserwege der Alster und ihrer Zuflüsse ziehen sich kilometerlang durch die Stadt. Mit dem richtigen Kurs kommt man bis in das ländliche Umland.

HYUNDAI
Hapag-Lloyd
HYUNDAI
HYUNDAI
HYUNDAI
HYUNDAI
CAPITAL
APL
FRANCOP
MAERSK
CMA CGM
CHINA SHIPPING
HHLA
KOCKS

CHARDKAI
HHLA
KOCKS
HHLA
CMA CGM
BURG SÜD
ZIM
CMA CGM

Vom Millerntor bis zum Deichtor – das historische Zentrum

Wie der herrlich geschwungene Bug eines kühnen Oldtimers der Schifffahrt schwingt sich die Fassade des Chilehauses entlang des Messbergs. Kaum ein zweites Gebäude der Stadt, auch nicht im Welterbe des Kontorviertels, kann sich einer solch fantasievollen Architektur rühmen.

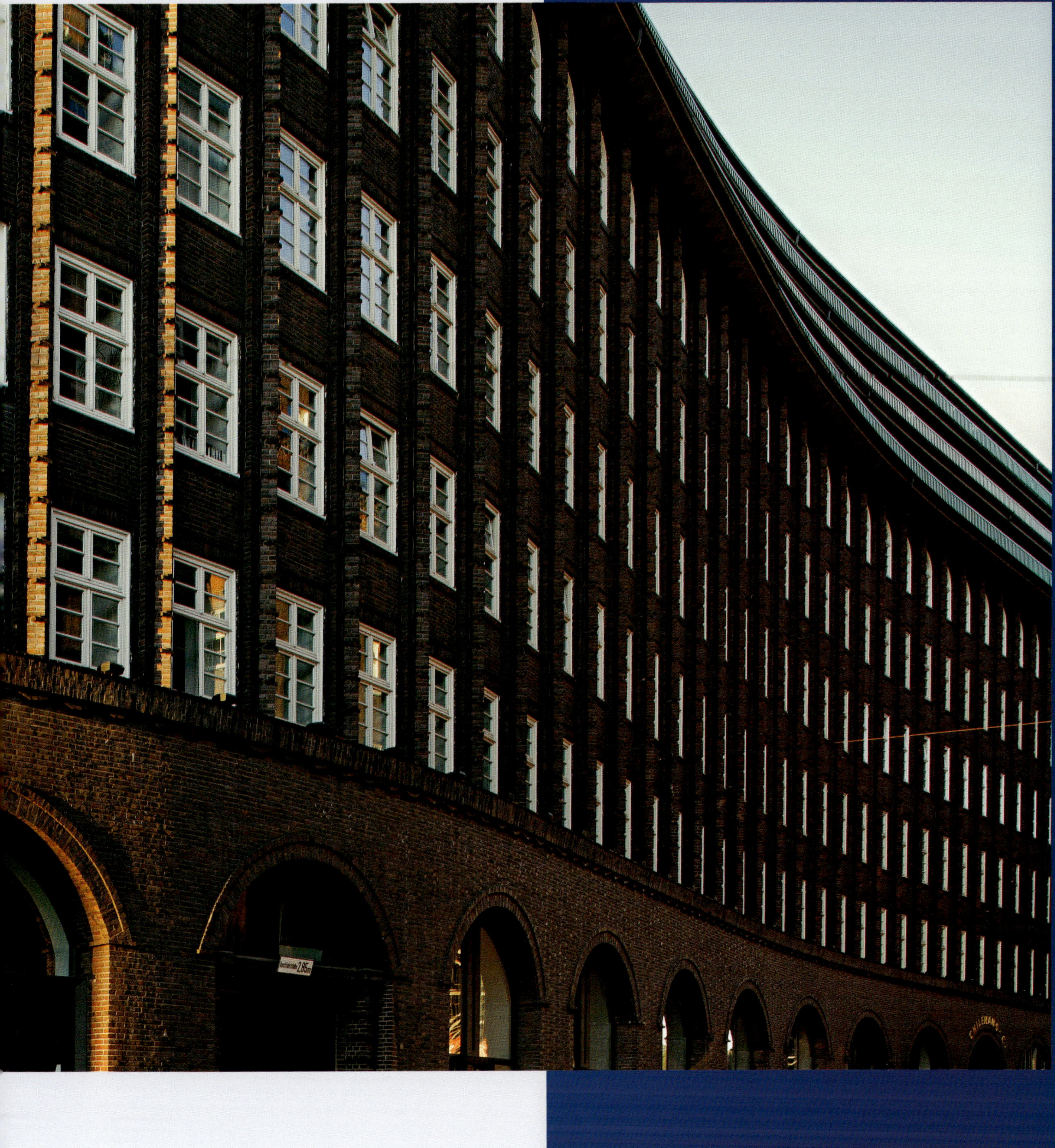

Vom Millerntor bis zum Deichtor – das historische Zentrum

Nur einmal, während des Zweiten Weltkrieges, als man mit einer weit nach Norden in die Alster verschobenen Lombardsbrücken-Attrappe die alliierten Bomberpiloten zu täuschen versuchte, hat Hamburgs Innenstadt ihre historischen Grenzen überschritten. Doch das ist Geschichte. Heute wie früher bilden die geschichtsträchtigen Wallanlagen vom Millerntor bis zum Deichtor den wunderbaren Halbkreis, in dessen Inneren Hamburg zu Hause ist. Und nicht etwa im geschäftigen Hafen, der trendigen HafenCity oder im schicken Blankenese.

Endlich gefunden: die Lage der Hammaburg

Weiße Kunststoffquader bilden die Pfeiler nach, graue Betongebilde erinnern an den Burgwall: Erst seit wenigen Jahren sind sich die Archäologen sicher, dass die legendäre Hammaburg auf dem heutigen Domplatz am Speersort gestanden hat. Von dort aus christianisierte Bischof Ansgar die unterworfenen Sachsen. Doch schon zehn Jahre nach ihrer Fertigstellung brannten die Wikinger die Burg nieder, Ansgar entkam im letzten Augenblick. Erst im hohen Mittelalter, als der Handelsort an Elbe und Alster zu blühen begann, erinnerte man sich an die Burg und benannte die Stadt nach ihr: Hamburg.

Wer die Beine in die Hand nimmt, kann in knapp einer Stunde die Grenzen der Stadt umrunden, wie sie etwa um 1600 lagen. Vom Millerntor durch die alten Wallanlagen, die zum Teil in den Parkanlagen von „Planten un Blomen" sichtbar sind, weiter zum Stephansplatz, dann die Esplanade entlang und von dort über die Lombardsbrücke mit traumhaftem Blick auf Binnenalster und Jungfernstieg, den Glockengießerwall nach oben zum Hauptbahnhof und den Klosterwall wieder hinunter zu den Deichtorhallen.

Der Altar von Meister Bertram aus dem späten 14. Jahrhundert ist einer der vielen sakralen Schätze der Hamburger Kunsthalle. Nach einer umfangreichen Restaurierung präsentiert sich Hamburgs führendes Kunstmuseum in neuem Glanz.

Welterbe: die Häuser der Händler

Von dort sieht man es schon, das UNESCO-Weltkulturerbe. Seit Juni 2015 gehören die markanten Backsteinbauten der Speicherstadt sowie das Kontorhausviertel mit dem Chilehaus zum Welterbe der Menschheit. Wen wundert's, dass in dieser Stadt des Handels und der Waren, die dem irdischen Leben mehr zugetan ist als dem danach, eben jene Häuser den gleichen Rang einnehmen wie anderswo die Mausoleen bedeutender Herrscher. Gleichzeitig schaffen die Hamburger an kaum einer anderen Stelle so gekonnt den Spagat zwischen Historie und Gegenwart: Das Chilehaus als eines der Meisterwerke des Backsteinexpressionismus zählt zu den modernsten Bürogebäuden der Stadt. Und in der gegenüberliegenden Speicherstadt, die streng genommen nicht zur historischen Innenstadt gehört, weil die Elbe deren Grenze bildet, haben Kopfarbeiter längst die Handarbeit verdrängt. Wo einst Kaffee, Tee und Gewürze in Mengen lagerten, werden heute Werbekampagnen erdacht, Kollektionen junger wie etablierter Designer gezeigt oder Musicalstars von morgen ausgebildet. Die Kreativszene hat die Speicher schon lange für sich entdeckt.

Und so spielt in diesem Halbrund, das die historische Innenstadt bildet, noch immer die Musik: die der Politik mit Bürgerschaft und Senat im Rathaus, die der Wirtschaft in Börse, Handelskammer, Unternehmenszentralen und traditionsreichen Clubs und die des Handels zwischen den großen Kaufhäusern der Mönckebergstraße und den feinen Boutiquen rings um den Gänsemarkt. Gleichzeitig schaffen hier die Glocken von St. Michaelis, St. Petri, St. Johannis und St. Katharinen auf nur wenigen Metern mächtige Klangwelten und laden die historischen Häuserzeilen der Peterstraße, der Deichstraße am Nikolaifleet und rings um den Michel zu charmanten Zeitreisen ein. Etwa in der letzten noch erhaltenen Wohnhofanlage, den sogenannten Krameramtsstuben, die die berufsständische Verbindung der Krämer für ihre Witwen im 17. Jahrhundert errichten ließ.

So erlebt, wer das historische Zentrum Hamburgs durchschreitet, auf wunderbare Art, was diese Stadt ausmacht: Solidität statt Leichtigkeit, Berechenbarkeit und Sicherheit durch Überschaubarkeit. Sicher nicht die schlechtesten Attribute einer 1,8 Millionen Einwohner zählenden Metropole.

Seite 26/27: Wie in einer „ordentlichen" Stadt bilden das Rathaus und der Rathausmarkt auch in Hamburg das Kernstück des historischen Zentrums. Der historisierende Bau gleich neben der Alsterschleuse hat Staatsoberhäupter aus allen Teilen der Welt zu Gast gehabt.

Mehr als 200 Entwürfe und 55 Jahre brauchten die Hamburger, bis sie ihr Rathaus fertiggestellt hatten. Die Pracht der Ausstattung, hier die Lobby der Bürgerschaft, ist unter anderem zahlreichen Schenkungen wohlhabender Hanseaten zu verdanken.

APOTHEKE
APOTHEKE
RATHAUS APOTHEKE

Im Innenhof des Rathauses steht der vielleicht prachtvollste Brunnen der Stadt. Seine Geschichte ist ungleich unheilvoller. Ihn krönt die Figur der Hygieia. Die griechische Göttin der Gesundheit und Hygiene ist eine Erinnerung an die große Choleraepidemie im Jahr 1892, der mehr als 8000 Hamburger zum Opfer fielen.

Das hohe Tor des Rathauseinganges steht in merkwürdigem Kontrast zu den eher geduckten Säulengängen in der Diele. Der Zeitgeist lässt grüßen. Dem Selbstbewusstsein der Ratsherren und Senatoren kam der Gewölbecharakter für die öffentlichen Räume wohl gerade recht. Erst wer die Treppe erklimmt, erreicht die repräsentativen Räume des Hauses.

Eines der schönsten architektonischen Ensembles der Stadt eröffnet sich dem Betrachter dort, wo sich Jungfernstieg und Alsterarkaden begegnen. Das Zusammenspiel der historischen Bausubstanz mit zwei Perlen des öffentlichen Raumes, der Freitreppe am Alsterfleet und dem dahinterliegenden Rathausmarkt bildet einen wunderbaren Kontrast zum mediterranen Weiß der Arkaden. Hingehen, anschauen, genießen.

In der Ratsstube des Hamburger Rathauses finden ganzjährig jeden Dienstag die Senatssitzungen statt. An dem hufeisenförmigen Tisch sind die Stühle der Bürgermeister besonders hervorgehoben.

GEGRÜNDET 1882

Linke Seite:
Nur einige Schritte vom Rathaus entfernt liegt das Café Paris. Die ehemalige Schlachterei gehört zu den ersten Adressen der Hamburger Caféhäuser. Die Schönheit und quirlige Atmosphäre schlägt jeden Gast in den Bann. In der kunstvoll gestalteten Decke werden Schifffahrt, Handel, Industrie und Landwirtschaft dargestellt.

Wenn es das Wetter zulässt, und das ist in Hamburg öfter der Fall, als man denken sollte, sind die Stühle und Tische auf dem Trottoir vor dem Café Paris ein beliebter Treffpunkt.

Auch ein historisches, aber ein völlig anderes Ambiente bietet das Interieur des „Gasthauses an der Alster" in der Ferdinandstraße: städtisches Flair des vorvergangenen Jahrhunderts.

Seite 32/33:
So sieht sich die Hanseatin am liebsten: in strahlendem Weiß. Die Arkaden entlang der Kleinen Alster werden beinahe ebenso geschätzt wie die Schwäne auf dem Flusslauf. Damit das liebe Federvieh den Winter unbeschadet übersteht, wird es mit Beginn der kalten Jahreszeit ins Winterquartier nach Eppendorf umgesiedelt. Ein Spektakel, das regelmäßig zahlreiche Schaulustige anzieht.

Jeder Sonnenstrahl wird genutzt, darin sind sich die Hamburger mit den Skandinaviern einig. Stabile Sonnentage gibt es übrigens häufig im Herbst – hier an der Binnenalster.

Der Jungfernstieg ist nicht nur beliebte Flaniermeile, sondern auch Hauptanleger der Alsterschiffe. Das älteste Schiff der Flotte ist die St. Georg, mit ihren 140 Jahren zugleich ältestes, noch dienstfähiges Dampfschiff Deutschlands.

Blick vom Alsteranleger am Jungfernstieg auf das seinem Namen alle Ehre machende Grand Hotel „Vier Jahreszeiten“. Kulinarischer Höhepunkt: das Restaurant „Haerlin“, eines von zwei Restaurants der Stadt mit zwei Michelin-Sternen.

Seit 1857 verkehren die kleinen Passagierschiffe auf der Alster. Der Liniendienst wurde zwar 1984 zugunsten rein touristischer Rundfahrten eingestellt. Ältere Hamburger jedoch kennen und nutzen die Alsterschiffe noch immer, um etwa aus Winterhude in die Innenstadt zu fahren.

Tee Gschwendner

Linke Seite:
Der Schnittpunkt von Jungfernstieg, Alsterlauf und Rathausmarkt gehört zu den schönsten Plätzen Hamburgs. Kaum eine andere Straße in Deutschland hat einen so ausgeprägten Boulevardcharakter wie der Jungfernstieg. Sommers wie winters flanieren hier Besucher ebenso wie Einheimische.

Vor dem Bau nicht unumstritten, inzwischen selbstverständlicher Verbindungsstrang zwischen den hochpreisigen Läden am Jungfernstieg und den Kaufhäusern der Modeketten in der Mönckebergstraße: die Europa-Passage.

Dort, wo einst alle großen Hamburger Tageszeitungen residierten und mit dem Ufa-Palast das größte Kino Europas stand, sind heute Markenstores ansässig. Auf den dreieckigen Gänsemarkt münden die drei großen Einkaufsstraßen Hamburgs.

Rechte Seite: Das Levantehaus wurde als Geschäftssitz der Deutschen Levante Schifffahrts-Linie erbaut. Nach Zerstörung und originalgetreuem Wiederaufbau zog 1946 Philips Deutschland ein. Seit den 1990er-Jahren residieren dort ein Fünf-Sterne-Hotel, Cafés, Restaurants und etwa 40 Einzelhändler mit kunsthandwerklichem Anspruch.

Als die Hamburger 1908 weite Teile ihrer Innenstadt abrissen und mit neuen Kontorhäusern bebauen ließen, entstand auch das Levantehaus des Architekten Carl Gustav Bensel in der Mönckebergstraße.

Roter Backstein und eine strenge Gliederung der Fassaden sind bis heute sichtbares Zeichen einer ersten umfassenden Stadterneuerung am Beginn des 20. Jahrhunderts. Hier ein Beispiel aus der Mönckebergstraße.

Seite 40/41: Hamburgs erste Tiefgarage entstand im Kontorhausviertel – unter dem monumentalen Sprinkenhof. Errichtet wurde der seinerzeit größte Bürokomplex zwischen 1927 und 1943 von den Gebrüdern Gerson und Fritz Höger. Gemeinsam mit dem benachbarten Chilehaus steht das imposante Gebäude seit 2015 auf der UNESCO-Welterbeliste.

DÖSSEL &
RADEMACHER
Seit 1913
Massimo Dutti

SPRIN

ENHOF

Rechte Seite: Zwei, die zusammengehörten: die Hapag, deren Generaldirektor Albert Ballin als Erfinder der Kreuzfahrt gilt, und das einstige Grand Hotel Atlantic, errichtet 1909 für Ballins Passagiere. Nachdem der Glanz etwas stumpf geworden war, wurde das „weiße Schloss an der Alster" wieder aufpoliert und ist seit 2011 ein Fünf-Sterne-Superior-Hotel.

Das Thalia-Theater gilt als eine der führenden Bühnen Deutschlands. Die Innenausstattung des Architekten Werner Kallmorgen ist ein herausragendes Beispiel deutscher Nachkriegsarchitektur.

Seit 120 Jahren am gleichen Ort – auch das ist hamburgische Bodenständigkeit. Die Reederei F. Laeisz hat noch immer ihren Firmensitz an der Trostbrücke. Der Laeiszhof mit seinem vornehmen Treppenhaus gehört zu den schönsten Kontorhäusern der Stadt.

Seite 44/45: Ozeandampfer aus Stein: Die Spitze des Chilehauses ragt wie ein Schiffsbug empor. Errichtet von Fritz Höger zwischen 1922 und 1924, gilt es als „das" Beispiel des Backsteinexpressionismus. Weshalb es gemeinsam mit dem Kontorhausviertel 2015 von der UNESCO auf die Welterbeliste genommen wurde.

ATLANTIC

Linke Seite:
St. Petri in der Mönckebergstraße ist Hamburgs älteste Pfarrkirche. Ein Vorgängerbau wurde in der zur Hammaburg gehörenden Siedlung auf deren höchstem Punkt errichtet und gehört damit zur Keimzelle der Stadt.

Lange wurde um die Lage der Hammaburg gestritten, seit 2009 sind sich die Hamburger und die Archäologen sicher: Die karolingische Anlage, von der aus Bischof Ansgar versuchte, die heidnischen Sachsen zu bekehren, stand auf dem heutigen Domplatz. Mit Beton- und Lichtelementen werden die Lage der Wälle und Dompfeiler heute anschaulich gemacht.

Repräsentativ und dem Geist seiner (bürgerlichen) Gründer verpflichtet – so lässt sich der pompöse Bau des Deutschen Schauspielhauses in St. Georg in unmittelbarer Nähe zum Hauptbahnhof zusammenfassen. Deutschlands größtes Sprechtheater ist für die Betreiber eine allabendliche Herausforderung, denn 1200 Plätze wollen erst einmal gefüllt werden.

Das Quadrat war sein Gestaltungselement: Der Kölner Architekt Oswald Mathias Ungers entwarf den kubusförmigen Anbau der Hamburger Kunsthalle, der die Galerie der Gegenwart beherbergt. Dort werden Pop Art und Kunst der Moderne in wechselnden Ausstellungen gezeigt.

Die quadratische Formgebung setzt sich bis in den Innenraum der Galerie fort. Mit der Galerie der Gegenwart hat Hamburgs Kunstwelt zur Elite der europäischen Museen der Moderne aufgeschlossen.

Einst Blumengroßmarkt, heute Heimat zeitgenössischer Kunst und Fotografie: die Deichtorhallen. Das Haus der Photographie in der südlichen Halle wurde maßgeblich vom Hamburger Fotografen F.C. Gundlach konzipiert, der dem Haus auch seine umfangreiche Sammlung zur Verfügung stellt.

Italienische Renaissance trifft Bildungsbürger: Insgesamt 58 Jahre dauerte es, bis die Hamburger Kunsthalle mit ihren zahlreichen Anbauten fertiggestellt war.

Der Gipfel der Kunst – die Hamburger Kunstmeile

Rechts: Die vom ersten Direktor Alfred Lichtwark systematisch aufgebaute Sammlung mit Werken des 19. Jahrhunderts ist bis heute der traditionelle Schwerpunkt der Hamburger Kunsthalle.

Keine Hafensilhouette, kein maritimes Blau: Das Logo der Hamburger Kunstmeile ist ein Berggipfel auf freundlichem Frühlingsgrün. Ausdruck der Sehnsucht der Hamburger nach den schneebedeckten Gipfeln der Alpen? Immerhin gibt es in der Stadt eine der größten Sektionen des Deutschen Alpenvereins. Oder Freiheit der Kunst, gegen den Mainstream schwimmen zu dürfen? Ein wenig von beidem, aber gepaart mit einer geradezu simplen Erklärung: Verbindet man auf einem Stadtplan die Standorte der fünf Kunstmuseen, die in der Hamburger Innenstadt liegen, so ergibt sich daraus die Form eines Berggipfels.

Trotzdem: Ein bisschen Symbol darf es auch sein. Grün könnte auch für die Hoffnung stehen, die das Bucerius Kunst Forum, die Deichtorhallen, die Kunsthalle, der Kunstverein und das Museum für Kunst und Gewerbe mit der Gründung der Kunstmeile verbinden – zum Beispiel, in einem Atemzug mit anderen bekannten Museumskooperationen wie dem Frankfurter Museumsufer genannt zu werden und damit eine Art Gipfel (oder Olymp) der Kunstwelt zu erklimmen. Die Sammlungen der fünf Häuser sind durchaus bedeutend zu nennen, exzellente Ausstellungen gab es immer wieder – doch bis 2010 praktisch keine Gemeinsamkeiten. Dann kam die Krise in Form von Etatkürzungen. Die Kunsthalle musste ihre Galerie der Gegenwart gar ein halbes Jahr lang schließen, um die geforderte Sparsumme zu erreichen. Not macht allerdings erfinderisch und so griffen die Verantwortlichen der fünf Kunsthäuser zu einem Mittel, das sich in anderen Städten durchaus bewährt hat: Sie gründeten eine Kooperation, um das kunstsinnige Publikum nicht nur gezielter ansprechen zu können, sondern ihm auch Anreize für mehrere Besuche zu geben. Es ist die bare Münze, die zählt.

Eines von Hamburgs größten Museen widmet sich fast ausschließlich der angewandten Kunst, landläufig auch als Kunsthandwerk bezeichnet. Das Museum für Kunst und Gewerbe gehört damit zu den führenden Museen Europas.

Überschaubarer Radius, hochkarätige Sammlungen

Nach fünf Jahren Kooperation hat es das Museumsbündnis geschafft, die magische Zahl von einer Million Besucher zu knacken und damit zum größten Verbund in Norddeutschland aufzusteigen. Das große Plus der Kunstmeile liegt einmal mehr in der relativ überschaubaren Größe der City: Bucerius Kunst Forum, Deichtorhallen, Kunsthalle, Kunstverein sowie Museum für Kunst und Gewerbe liegen nur wenige Gehminuten voneinander entfernt. Theoretisch könnte man alle Häuser an einem Tag besuchen. Für einen ausgiebigen Blick auf die zum Teil außergewöhnlichen Kunstwerke der Häuser reicht das nicht.

So unterschiedlich die Fünf daherkommen, so gut ergänzen sich ihre Ausstellungen und Sammlungen. Quer durch alle Medien wird zeitgenössische und historische Kunst präsentiert: Malerei, Zeichnung, Skulptur und Fotografie, Kunsthandwerk und Design. Das Bucerius Kunst Forum schafft es seit seiner Eröffnung im Jahr 2002 immer wieder, Ausstellungen von Rang zu kuratieren – ohne eigene Sammlung. Die Lage des Kunstforums direkt am Rathausmarkt und die überschaubare Größe der Ausstellungsfläche machen das Haus zu einem attraktiven Startpunkt der Kunstmeile.

„Lindenterrasse" und „Wanderer"

Die Hamburger Kunsthalle hingegen glänzt mit ihren Sammlungen. Das Kupferstichkabinett allein umfasst 120 000 Blatt. Die Sammlung des 19. Jahrhunderts sucht ebenfalls Ihresgleichen. Zu verdanken ist sie dem Gründungsdirektor Alfred Lichtwark, der Werke aufstrebender Zeitgenossen kaufte: Lovis Corinth, Anders Zorn, Adolf Menzel oder Max Liebermann, der eine Reihe berühmter Hamburg-Bilder gemalt hat, darunter die „Lindenterrasse" des Hamburger Luxus-Hotels Louis C. Jacob. Kaum weniger stolz ist man auf zahlreiche Werke Caspar David Friedrichs, darunter der „Wanderer über dem Nebelmeer".

Links:
Die Reiterskulptur von Hermann Hahn steht seit 1908 vor dem Eingang zum Kuppelanbau der Kunsthalle.

Bildungsanspruch einst und heute

In der nördlichen der beiden Deichtorhallen wird der Jetztzeit gehuldigt. Die Einzelausstellungen international namhafter Maler, Bildhauer und Designer werden zum großen Teil im Einklang mit den faszinierenden Räumen der einstigen Großmarkthalle konzipiert. Die südliche Halle legt den Schwerpunkt auf Fotografie, was schon in den beiden großen Sammlungen begründet liegt, die dort eine Heimat gefunden haben: die Werke des vor allem für seine Modefotografie bekannten Hamburgers F. C. Gundlach und das Bildarchiv des Magazins „Der Spiegel".

Gegenüber den Deichtorhallen und ebenfalls in einer ehemaligen Markthalle residiert der Hamburger Kunstverein. 1822 gegründet, gehört er zu den ältesten Vereinen dieser Art in Deutschland und hat noch immer das satzungsgemäße Ziel, der Bevölkerung die bildende Kunst näherzubringen. Dementsprechend geben die meist kleinen, aber sehr feinen Schauen vor allem Einblicke in das Schaffen zeitgenössischer Künstler.

Auch das mit seinen 700 000 Objekten zu den großen Museen Deutschlands zählende Museum für Kunst und Gewerbe (MKG) folgt diesem Bildungsanspruch des 19. Jahrhunderts. Mit dem MKG sollten der „Geschmack und die Qualität des Handwerks" angehoben werden. So finden sich im einstigen Gewerbeschulkomplex gegenüber dem Hauptbahnhof filigrane Fayencen – die Porzellansammlung gilt als einzigartig – neben opulenten Bilderteppichen, in magischem Blau bemalte Kacheln einer usbekischen Moschee ebenso wie historische Tasteninstrumente und Möbel im Jugendstil. Zum Glück ist das Ticket für die Kunstmeile ein Jahr lang gültig. Allerdings darf man jedes Haus nur einmal besuchen.

Seite 52/53:
Seit Jahren ein Zankapfel zwischen Denkmalschutz, Stadtplanern und Investoren: die City-Hof-Hochhäuser, deren exponierte Lage zwischen Kontorhausviertel, Mönckebergstraße, Hauptbahnhof und Speicherstadt Begehrlichkeiten weckt. Auch, wenn sie alles andere als Schmuckstücke im landläufigen Sinn sind – sie stehen unter Denkmalschutz. Denn die vier Kontorhäuser wurden als erste Hochhäuser nach dem Zweiten Weltkrieg in der Hansestadt errichtet und gelten als bedeutendste Zeugnis der Nachkriegsmoderne.

Der Kuppelsaal der Kunsthalle wurde zwischen 1912 und 1919 von Fritz Schumacher errichtet – aus Muschelkalkstein, nicht aus Backstein, den er sonst bevorzugte.

SPIEGEL TV
DER SPIEGEL

PASSAGE
BLEICHENHOF
Grossmann & Berger

Linke Seite:
Herrengraben-, Alster- und Bleichenfleet umschließen die sogenannte Fleetinsel in der Innenstadt. Dort grenzen Alt- und Neustadt aneinander. Die Fleete waren wichtige Transportwege innerhalb der Stadt. Heute kann man sie mit Ausflugs-Barkassen bei Fleetfahrten erkunden.

Ganz links:
Wahrzeichen: Die Pfarrkirche St. Michaelis wird von den Hamburgern liebevoll Michel genannt. Die Barockkirche ist von der Elbe aus gut sichtbar und gilt daher auch als Seezeichen.

Links:
Die Kirche St. Jacobi in der Steinstraße gehört trotz Zerstörungen im Zweiten Weltkrieg zu den letzten mittelalterlichen Bauten der Innenstadt.

Ganz links:
Der Kirchturm von St. Katharinen ist einer der ältesten Bauwerke der Stadt. Zur einstigen Kirche der Seemänner gehört heute auch Hamburgs jüngstes Quartier, die gegenüberliegende HafenCity.

Links:
St. Nikolai gibt es zweimal in Hamburg: Die ehemalige Hauptkirche in der Innenstadt wurde während des Zweiten Weltkrieges zerstört, ihre Ruine als Mahnmal erhalten. Ihre Glocken läuten seit den 1960er-Jahren in der neuen Hauptkirche St. Nikolai in Harvestehude.

Cartier
windsor.
TIFFANY & Co.
CALIDA
COS

Möhring
BOSS
ZONE
frei

THANDEL
FELIX JUD & CO.

Seite 56/57:
Der Neue Wall ist Hamburgs erste Adresse, wenn es um Luxus geht. Zahlreiche Familienunternehmen der Gründerzeit haben dort mit vornehmen Gebäuden ihre Spuren hinterlassen, etwa die Schwestern Carstens, die am Neuen Wall 5 ihre erste „Parfümerie Douglas" betrieben.

Links:
Lange fristeten die Colonnaden ein Schattendasein neben dem Jungfernstieg. Doch dank einer umfassenden Neugestaltung mausert sich der Straßenzug, dessen östliche Straßenseite Arkaden säumen.

Linke Seite:
Wer die traditionellen Hamburger Geschäfte sucht, findet sie in Hamburgs wohl schönster Passage, der Mellin-Passage. Sehenswert dort etwa der Buchladen „Felix Jud", seit 1923 am selben Ort, und der Herrenausstatter Ladage & Oelke, seit 1845 hier beheimatet.

Ganz links:
In letzter Minute verhinderten geschichtsbewusste Hamburger den Abriss der letzten althamburgischen Bürgerhäuser in der Deichstraße.

Links:
Als das Hanse-Viertel 1980 eröffnete, galt die Einkaufspassage als die größte ihrer Art in ganz Europa und untermauerte den Ruf Hamburgs als führende Stadt der Passagen. Hohe Glaskuppeln spenden dem Inneren jede Menge Tageslicht.

Vom Quartier der Armen zum hippen In-Viertel – diesen Wandel haben in Hamburg schon einige Stadtteile erlebt. Seit Jahren angesagt ist etwa die Neustadt, die relativ dünn besiedelt, dafür aber mit großen Geschäftshäusern reich bestückt ist. Prominentes Beispiel: das 90 Meter hohe Emporio-Haus, einst Firmenzentrale von Unilever, heute moderner Hotelkomplex in Messenähe.

Den Michel sieht man in der Hamburger Neustadt von vielen Punkten aus. Einen nicht ganz alltäglichen Blick erhascht, wer vom Großneumarkt auf ihn schaut.

Steigt man am Baumwall aus der Hochbahn und geht am Verlagssitz von Gruner + Jahr entlang, gelangt man auf die im Sommer viel bevölkerte Michelwiese direkt unterhalb des Wahrzeichens.

Rings um den im Sommer von Linden überdachten Großneumarkt hat sich eine vielfältige Kneipen- und Modeszene etabliert.

Linke Seite:
Nur wenige historische Gebäude haben Krieg und Abrisslust der Nachkriegszeit in Hamburg überstanden. In Sichtweite des Michels befindet sich mit den Krameramtsstuben, den Witwenwohnungen der Krämergilde, eine der wenigen noch erhaltenen, typisch hamburgischen Hofbebauungen des 17. Jahrhunderts.

Kulturkampf vom Feinsten und der Aufruhr freier Künstler hat Hamburgs Stadtplanern den Erhalt der letzten Häuser des sogenannten Gängeviertels in der Neustadt abgetrotzt. Nur wenige Meter vom Gebäudekomplex des Springer-Konzerns entfernt, tun sich kleine Nischen einer Kunstszene auf, die inmitten von Beton- und Glasgehabe wie ein kleines gallisches Dorf wirken. Die Assimilation hat aber längst stattgefunden: Die Kulturschaffenden wirken in einer Genossenschaft zusammen, die Gastronomie ist beliebter Treffpunkt während der Mittagspausen ringsum.

Seite 64/65:
Das Nikolaifleet ist die Keimzelle des Hamburger Hafens. Am einstigen Hauptmündungsarm der Alster begann 1188 der Warenumschlag in die Speicher an Deichstraße und Cremon.

Ganz links:
Ursprünglich wurde das Brahms Kontor vis-à-vis der Laeiszhalle als Haus des Hamburger Handlungsgehilfen-Verbandes errichtet. Bis 2005 saß dort die Deutsche Angestellten-Gewerkschaft. In der Zeit seiner Entstehung war das markante Bürogebäude der höchste Profanbau der Stadt.

Links:
Die Bronzeskulpturen am heute Brahms Kontor genannten Bürokomplex sind auffälligstes Merkmal des denkmalgeschützten Gebäudes am Holstenwall.

Links:
Ein Blick ins Innere des Brahms Kontors lohnt sehr: Das Treppenhaus im Stil des Art déco ist im Original erhalten.

Linke Seite:
Das 1897 fertiggestellte Gewerbehaus der Hamburger Handwerkskammer am Holstenwall ist nicht nur Verwaltungssitz, sondern mit seiner Baukunst auch eine Art Leistungsverzeichnis der vertretenen Gewerke. Das repräsentative Treppenhaus und die großzügigen Dielen werden gerne als Film- und Partykulisse gemietet.

Ein weiterer repräsentativer Bau am Holstenwall ist das von Fritz Schumacher errichtete Gebäude des Hamburg Museums. Es zeigt die Historie der Stadt von circa 800 bis zur Gegenwart.

Ein Spaziergang durch das vormals Museum für Hamburgische Geschichte genannte Haus ist immer auch ein Spaziergang durch die Welt der Seefahrt.

Auf Zeitreise ins 17. Jahrhundert geht, wer durch die schmale Peterstraße in der Neustadt läuft: Der Straßenzug weist eine fast geschlossene Bebauung auf. Allerdings ist die Straße eine Art Potemkinsches Dorf. Die rekonstruierten Fassaden gehören zu Bürger- und Kaufmannshäusern, wie sie rings um St. Katharinen zu finden waren, nicht jedoch in diesem Teil der Neustadt.

Der Komponist Johannes Brahms wurde am 7. Mai 1833 in Hamburg geboren. Ihm ist ein Museum in der Peterstraße 39 gewidmet.

Hier wohnt man gerne: Altona, Eimsbüttel und Co.

Mit dem Herauslösen der Speicherstadt 2003 aus dem Gebiet des Freihafens begann ihre Vereinnahmung durch die Hamburger. Noch immer werden dort Teppiche und Gewürze gehandelt. Doch sind in viele alte Speicher neue Nutzer eingezogen. Besonders sehenswert: die vielen, sehr eigenwilligen Museen, etwa das Deutsche Zollmuseum mit dem ausgemusterten Zollkreuzer „Oldenburg". An die alten Speicher schließen sich die modernen Bauten der HafenCity an. Weithin sichtbar: die Elbphilharmonie.

OLDENBURG
KÜSTENWACHE
ZOLL

Hier wohnt man gerne: Altona, Eimsbüttel und Co.

Alt ist chic und chic ist teuer. Wer Hamburgs Stadtteile Altona und Eimsbüttel von früher kennt, kommt heute aus dem Staunen nicht heraus: Die ehemaligen Arbeiterstadtteile westlich der Alster sind heute absolut in. Wer es sich leisten kann, zieht nach Ottensen rings um den Altonaer Bahnhof oder in die Häuser links und rechts der Osterstraße, dem pulsierenden Herzen Eimsbüttels. Wo früher „Bei Heidi und Peter" Bier und Korn flossen, werden heute Prosecco und Aperol Spritz serviert. Längst hat sich gehobene Küche neben der Döner- und Falafelszene etabliert. Bald schon ein König, der noch weiß, wo es gute Pommes und leckere Hähnchen gibt.

Der Chic der Altbauwohnungen aus der Zeit um 1900 fällt vor allem in Eppendorf und Hoheluft, Hamburgs kleinstem Stadtteil, in Harvestehude, Winterhude und Uhlenhorst ins Auge. Was für ein herrliches Fassadenpanorama, wenn man in der meist in luftiger Höhe fahrenden U-Bahn auf der sogenannten Ringlinie mitten durch diese Viertel rollt. Man staunt über die Villen und Alsterkanäle Winterhudes, ahnt die Größe der Wohnungen in Harvestehude und blickt zwischen Eppendorfer Baum und Hoheluftbrücke in geschmackvoll eingerichtete Wohn- und Esszimmer – im dritten Stock, wohlgemerkt. Verborgen bleibt, was unter dem Viadukt passiert: Der Isemarkt zwischen den genannten U-Bahn-Stationen gilt als Deutschlands schönster Wochenmarkt. Was hier verkauft wird, hat nicht nur als Lebensmittel einfach Geschmack. Wer Zeit und Muße hat, abseits der gängigen Ketten auf Einkaufsbummel zu gehen, findet in den Ladengeschäften von Eppendorfer Landstraße und Eppendorfer Weg eine kilometerlange Auswahl. Skandinavisches Design, handgearbeitete Schuhe oder – ganz zeitgemäß austariert – Männer- und Damenmode in allen Variationen locken Hamburger wie die immer zahlreicher erscheinenden Touristen hierher. Soziale Verwerfungen und Brennpunkte, ein trubeliges Leben mit Migrationshintergrund oder lautes Amüsement in den Nachtstunden trifft man hier nicht, manchmal haftet diesen Karrees der Charakter eines selbstgewählten Reservates an: Wir sind wir – und werden es auch bleiben.

Hamburg liebt seine architektonischen Perlen und mit entsprechendem Kleingeld findet man schönsten Wohnraum – zum Beispiel in den Häusern der Gründerzeit entlang der Eppendorfer Landstraße.

Für die Brüche ist Altona zuständig. Von der Kaschemme zum Luxusloft sind es manchmal nur ein paar Treppen, den Lohn trennt oft nur eine Straßenecke vom Honorar. Der Reiz der Widersprüche offenbart sich insbesondere in Ottensen. Der Stadtteil mit den dörflich engen Straßen und Gassen bildet ein wildes Nebeneinander von Industriezeitalter im 19. Jahrhundert, Architektursünden der Siebziger und todschicken Appartementhäusern für das liberale Establishment. Nirgendwo sonst in Hamburg geht es so quirlig zu wie in der Ottenser Haupt-

straße, kein Einkaufszentrum der Stadt hat einen so mediterranen Charakter wie das Mercado. Wer in Ottensen ausgeht, schlendert nicht über breite Trottoirs und Boulevards, sondern über holperiges Kopfsteinpflaster mit aufgefüllten Industriebahngleisen. Wo früher die größten Schiffspropeller der Welt gegossen wurden, hat der Gast in den Zeisehallen heute die Wahl zwischen Kino, Bücherei, Restaurants und Kunsthandwerk in vielen Variationen. Was ist die weltweit gängige Umwandlung von Hafenbrachen in schicke Wohnareale gegen einen Stadtteil wie Ottensen, in dem die Leute noch vor hundert Jahren reihenweise an Tuberkulose starben, weil die Abgase von Glasbläsereien und Stahlbetrieben in den engen Straßen nicht abziehen konnten? Das kreative Gewerbe möchte heute in Hamburg nirgendwo lieber sein als in dem Stadtteil, der im Volksmund noch immer Mottenburg heißt: Die Motten bekommt man bekanntlich, wenn die Lunge vom eingeatmeten Dreck zerfressen wird.

Eine wunderbare Art, das alte und neue Ottensen zu entdecken, sind literarische Stadtteilrundgänge auf den Spuren so bekannter Dichter wie Friedrich Gottlieb Klopstock, Heinrich Heine und Otto Ernst. Zwischen Kleiner Brunnenstraße, Donnerspark und Christianskirche ergeben sich jede Menge kulturgeschichtliche Aha-Erlebnisse. Scheut man die Mühe der Eigenrecherche, findet man im Stadtteilarchiv Ottensen einen großartig engagierten Vertreter der Geschichte und Interessen seines Viertels.

Der noch wilde Osten

Da haben es die dunkelroten Backsteinviertel in Hamburgs Osten deutlich schwerer, zu punkten: Hier, in Barmbek, Hamm und Horn, in Rothenburgsort oder Wandsbek, haben die Bombenteppiche des Krieges Vergangenheit im großen Stil ausgelöscht. Riesige Viertel und zigtausende ihrer Bewohner fielen den Feuerstürmen der Bombennächte im Zweiten Weltkrieg zum Opfer. Die Stadtplaner der frühen Nachkriegsjahre gaben den Vierteln den Rest in Form breiter Straßenschneisen, die wie künstliche Grenzen die Viertel voneinander trennen. Lange von der Szene gemieden, regt sich aber auch hier immer mehr kreatives Leben. Denn um jeden Preis Stadt statt Stadtrand: Das ist der Trend junger Leute, der Leben weckt und Perspektiven eröffnet. Kleingewerbe in verwinkelten Hinterhöfen, ein auffallend ausgeprägter Generationenmix, ermöglicht durch noch bezahlbare Mieten, und über Jahrzehnte gewachsenes Multikulti sorgen für oft erfrischende Brüche. Was die rasante Verdichtung von Hamburgs bebauten Flächen davon übrig lassen wird, muss sich dann zeigen. Der Erste Bürgermeister der Stadt ließ schon verlauten, dass nach der HafenCity nun die zentrumsnahen Stadtteile im östlichen Hamburg entwickelt werden sollen. Das „Zeug" dazu haben sie: Jede Menge alter Gewerbeflächen, die der Wohnbebauung zugeführt werden können, zahlreiche Kanäle, die eine romantische Randbebauung oder sogar Hausboote erlauben, gewachsene Strukturen einer Community, die dem oft auf Szenegehabe stehenden Westen nichts abgewinnen können.

Begehrt sind aber auch die Wohnlagen in den Neubauten mit Elbblick entlang der sogenannten „Perlenschnur" in Neumühlen.

Des einen Freud: Die Silhouette des Hafens mit der ihn überspannenden Köhlbrandbrücke ist ein vielgeliebter Anblick. Des anderen Leid: Der nimmermüde Hafen sorgt für eine ständige Lärmkulisse in den gegenüberliegenden Wohngebieten, die Köhlbrandbrücke erstickt im Dauerstau der Lastwagenkolonnen.

St. Pauli – ein Stadtteil verändert sich

St. Pauli ist tot, es lebe St. Pauli. Hamburgs weltberühmter Stadtteil hat in nur wenigen Jahren eine enorme Metamorphose durchlaufen. Deutschlands Vergnügungsmeile Nr. 1 und Refugium für viele Menschen abseits des gesellschaftlichen Mainstreams hat deutlich an Ecken und Kanten verloren. Musical und Theater statt Puff und Nepp, moderne Luxusappartements statt alter Bausubstanz mit der Patina zweier Jahrhunderte. Bunt ist St. Pauli immer noch und auch das Unwohlsein und die Abneigung der konservativen Hanseaten gegen den Stadtteil sind nicht verschwunden. Die Ikonen links und rechts der Reeperbahn sind ebenfalls noch da: Davidwache, Herbertstraße und Große Freiheit, doch neue aus dem alternativen Milieu sind hinzugekommen. Das Schmidts Tivoli am Spielbudenplatz, die Große Freiheit 36 oder der Pudelclub an der Großen Elbstraße. Mit dem Verschwinden der Astra-Brauerei, einem Relikt Hamburger Wirtschaftsgeschichte, erwuchs gleich ein ganzes Karree neu, dessen überdimensionierte Hochhäuser die Skyline der Stadt markant veränderten. Kein Zweifel, die Gentrifizierung St. Paulis schreitet auf allen Ebenen voran. Den rauen Charme des Viertels mit seinen vielen Brüchen vermochte sie bisher nicht entscheidend zu ändern.

Leben im Zwei-Viertel-Takt: Karoviertel und Schanze

Das ist wahrer Luxus in einer Millionenmetropole: Mehr als 20 Hektar groß erstreckt sich das Heiligengeistfeld zwischen Millerntor und Karoviertel. Größtenteils unbebaut, versteht sich. Dreimal im Jahr sieht das allerdings deutlich anders aus. Dann lockt der „Dom" zu Kirmesvergnügen und atemberaubenden Fahrgeschäften. Das Lichtermeer eines der größten Volksfeste Deutschlands erhellt dann jeweils für einen Monat den Hamburger Abendhimmel und die Häuserfront des angrenzenden Karoviertels. Lange ein sozialer Brennpunkt der Stadt hat sich das Karolinenviertel nach behutsamer Komplettsanierung durch die Stadtentwicklungsgesellschaft still und leise in ein trendiges Viertel verwandelt, das ganz ohne Getöse daherkommt. Dem Café-Overkill der benachbarten Schanze oder der optischen und akustischen Dauerberieselung der Reeperbahn setzt das Karoviertel eine kreative wie feine Modeszene mit ihren Satellitengewerben entgegen. Längst gilt das Karoviertel, das sich zwischen „Dom" und Messegelände drängt, als die Heimat der alternativen Hamburger Shoppingszene. Die „Arbeitsteilung" mit dem benachbarten, nur durch eine U-Bahn-Linie getrennten Schanzenquartier ist deutlich. Dort scheint sich eher der Kiez fortzusetzen, dicht an dicht reihen sich Restaurants, Kneipen und Cafés. Nachts um zwei ist es zwischen Schulterblatt und Schanzenstraße so trubelig-turbulent, wie es die meisten deutsche Städte nicht mal am Tag sind. Dabei sein ist alles, und das gilt selbst am 1. Mai jeden Jahres, wenn sich Polizei und Sympathisanten der alternativen Roten Flora ihr rituelles Straßenschlacht-Scharmützel liefern: Nur wenige Meter entfernt stehen Hunderte höchst unpolitischer Schaulustiger und nuckeln an Bier und Galao.

St. Pauliiii, St. Pauliiii

Kein einziger der Kicker kommt mehr aus dem Viertel, und dennoch genießt der FC St. Pauli wie kein zweiter Verein den Ruf, als Stadtteilverein das Maß aller Authentizität im deutschen Bundesliga-Fußball zu sein. Nur so lässt sich auch erklären, dass sich das Auf und Ab des Vereins in den Ligen überhaupt nicht auf die Besucherzahl auswirkt: Wenn der FCST ein Heimspiel hat, ist die Hütte eben voll. Immer. Nur wenige Schritte von Reeperbahn und Schanzenviertel entfernt, ist das Stadion des FC St. Pauli Anziehungspunkt für Fans jeder Couleur. Da fallen sich beim Torjubel erfolgreiche Unternehmensberater und Autonome schon mal in die Arme. An dem Meer der wehenden Totenkopffahnen hätten Piraten herzinniglichste Freude. Garantiert nicht zu sehen: Die blauweiße Raute des HSV, denn Hund und Katze könnten sich kaum weniger leiden als die Fans dieser beiden Fußball-Urgesteine. Da ist auch Hamburg keine Ausnahme.

Seite 76/77: Allabendlich illuminiert erstrahlt die Speicherstadt in einem ganz besonderen Licht. Der einzigartige Lagerhauskomplex aus der Gründerzeit wurde 2015 mit dem Status eines UNESCO-Weltkulturerbes geadelt.

Einer der maritimsten Stadtteile ist noch immer Altona, nicht nur der Lage an der Elbe wegen. Dort befand sich auch die Seefahrtsschule, deren Schüler eine zweite Heimat in der Kneipe „Der Seeteufel" fanden. Die Seefahrtsschüler gibt es nicht mehr, die legendäre Spelunke hingegen schon.

Linke Seite: Urbanes Leben von seiner attraktivsten Seite: Die praktisch überall vorhandene Lage am Wasser und die architektonisch stilvollen Gebäude machen die Speicherstadt so anziehend.

Wo bis vor wenigen Jahren noch Kaffee, Tee, Gewürze und Teppiche gehandelt wurden, hat inzwischen ein buntes Volk aus der Kreativbranche eine neue Heimat gefunden.

Seit der Aufhebung der Zollgrenze und ihrer Utensilien wie Zaun und Kontrollposten schwappt das Leben mit voller Wucht über den Zollkanal. Heute ziehen Miniaturwunderland, Internationales Maritimes Museum Hamburg oder moderne Gastronomie jährlich hunderttausende Besucher an.

Seite 80/81: Das Gebäude der Wasserschutzpolizei an der Kehrwiederspitze ist so etwas wie ein Star. Es spielt als Sitz des Polizeikommissariats 21 eine Hauptrolle in der ZDF-Serie „Notruf Hafenkante".

MISSISSIPPI
QUEEN
POLIZEI

Am Sandtorkai
Kehrwiederspitze
POLIZEI

Linke Seite:
Noch bevor es einen Masterplan für die Entwicklung der HafenCity gab, errichtete ein Immobilienkonsortium das Hanseatic Trade Center am Rande der Speicherstadt. Mit seinen 105 Metern Höhe war der Büroturm an der Kehrwiederspitze lange Zeit das höchste Gebäude dort.

Mit einem gläsernen Aufzug geht es auf den Turm des Mahnmals St. Nikolai. Von dort genießt man einen großartigen Ausblick auf die historischen Speicher und die modernen Bauten der HafenCity, etwa den Marco-Polo-Tower, einen 56 Meter hohen, preisgekrönten Wohnturm.

Hochkarätig besetzte Debatten zu Politik, Zeitgeschehen und Völkerverständigung werden im KörberForum (im Bild links) geführt. Die vom Hamburger Unternehmer Kurt A. Körber gegründete Stiftung hat ihren Hauptsitz 2005 von Bergedorf an den Eingang der HafenCity verlegt, wo sie mehr als 80 Veranstaltungen pro Jahr organisiert.

Der Marco-Polo-Tower gehört aktuell zu den höchsten Wohngebäuden in der HafenCity. Das benachbarte Unilever-Haus, ebenfalls von Behnisch Architekten entworfen, gilt als beispielhaft für ökologisches Bauen. Die neue Zentrale des internationalen Konsumgüter-Konzerns erhielt als erstes Gebäude den Umweltpreis der HafenCity.

Grünes Wohnen: Im Quartier am Sandtorpark wurden zwei Parks angelegt, die einen Hauch von Natur zwischen die Häuserzeilen zaubern. Dort gibt es zahlreiche Familienwohnungen und die Katharinengrundschule.

Als zweites Quartier in der HafenCity wurde der Dalmannkai bebaut. Dort entstanden unter anderem Senioren- und Genossenschaftswohnungen sowie Promenaden und Plätze, hier die Marco-Polo-Terrassen.

Der Gestaltung der Freiflächen in der HafenCity wird ebenso viel Aufmerksamkeit geschenkt wie den Gebäuden selbst. Es werden eigene Gestaltungswettbewerbe durchgeführt. Die Marco-Polo-Terrassen bilden den Übergang vom Dalmannkai zum Strandkai und sind im Sommer unter anderem Kulisse eines eigenen Festes.

In alten Gängen und neuen Quartieren – städtisches Bauen in Hamburg

Rechts: Das erste Quartier der HafenCity wurde von acht Gebäuden am Sandtorkai gegenüber der Speicherstadt gebildet und 2008 fertiggestellt. Die kastige Form der Häuser kann man inzwischen als typisch für diese Epoche bezeichnen.

Weltoffene Stadt sein, aber keine Weltstadt. Vielleicht ist es das, was Hamburg mit seinen Großbauprojekten und innerstädtischen Verdichtungen ein wenig zu übertünchen versucht. Die knapp zwei Millionen Einwohner zählende Stadt mit dem achtgrößten Hafen der Welt will endlich auch architektonisch aufschließen zu anderen Metropolen am Wasser wie London oder San Francisco. Vor 15 Jahren hat sie sich deshalb ein ambitioniertes Bauprogramm auferlegt: das Projekt „Wachsende Stadt", das in erster Linie die Umwandlung ehemaliger Hafen- und Industrieflächen in moderne, attraktive Wohn- und Arbeitsgebiete vorsieht.

Kein Hang zu historischen Bauten

Nun war es noch nie so, dass die Hamburger besonders an ihren historischen Gebäuden hingen. Der erste Kunsthallendirektor Alfred Lichtwark bezeichnete die Stadt gar wenig schmeichelhaft als „Freie und Abrissstadt". Man schätzt die Schönheit der Villen am Alsterufer oder im Jugendstilviertel Hoheluft. Doch reißt man leichten Herzens ab, was nicht mehr zeitgemäß erscheint. In den vergangenen Jahren allerdings wehren sich immer mehr Bürger gegen diese Tabula-rasa-Politik. Aus dem organisierten Widerstand zahlreicher Künstler gegen den Abriss des Gängeviertels, dem letzten historischen Viereck in der Innenstadt, entstand das Netzwerk „Recht auf Stadt", das mittlerweile mit Architekten und Stadtplanern über die gestalterische Zukunft Hamburgs diskutiert. Vor allem dann, wenn es gilt, weitere Glastürme zu verhindern, die die wenigen historischen Gebäude zunehmend in den Schatten stellen und der Stadt weniger ein markantes, denn ein austauschbares Antlitz verpassen.

Das Anfang des neuen Jahrtausends errichtete spitzwinklige Deichtorhaus ist unter anderem Sitz des ZDF-Hamburg-Studios. Dahinter markiert die Oberbaumbrücke die westliche Grenze der Speicherstadt und den östlichen Eingang zur HafenCity.

Die Kritik an der städtebaulichen Wirklichkeit erstreckt sich auch auf das größte innerstädtische Entwicklungsprojekt Europas, die HafenCity. Dabei macht der architektonische Zweckoptimismus hier vielfach Sinn: Auf 157 Hektar altem Hafengrund wächst seit knapp zehn Jahren ein moderner, lebendiger Stadtteil heran, der einmal 12 000 Menschen eine Wohnung und weiteren 40 000 einen Arbeitsraum geben soll – Grünflächen und öffentliche Plätze, eine auf Bau und Architektur spezialisierte Universität, Schule, Kindergarten und Ökumenisches Zentrum für alle Religionen inklusive.

Kunstwerk und Kostenfalle: die Elbphilharmonie

Die HafenCity soll allerdings nicht nur den angespannten Wohnungsmarkt entlasten, was bei den Miet- und Kaufpreisen auch keiner ernsthaft erwartet. Der neue Stadtteil ist vor allem ein Prestigeobjekt, das von vielfältigen Architektenentwürfen, etwa dem neuen „Spiegel"-Verlagsgebäude, und zahlreichen Leuchtturm-Projekten wie der Unilever-Zentrale lebt. 2017 soll nun auch das bekannteste Projekt der HafenCity eröffnet werden: die Elbphilharmonie. Aller Kritik und allen ausufernden Baukosten zum Trotz entsteht mit dem von dem Schweizer Architektenbüro Herzog & de Meuron entworfenen, wellenförmigen Aufsatz auf dem alten Kakaospeicher nicht nur ein Wahrzeichen der Stadt, sondern auch ein Glanzstück der Musikarchitektur, das als einer der zehn besten Konzertsäle der Welt die internationale Musikszene begeistern soll. Hamburg wäre nicht Hamburg, wenn aber nicht auch der Anspruch bestünde, dass jedes Hamburger Kind mindestens einmal im Laufe seiner Schulzeit ein Konzert im neuen Kulturtempel erleben soll. Die Schwingungen der vorbeirauschenden Container- und Kreuzfahrtschiffe werden übrigens mittels riesiger Federn ausgeglichen.

Innovativ ist im neuen Stadtteil auch der Hochwasserschutz. Weil die Sturmfluten der Nordsee über die Elbe immer häufiger bis in die Hamburger Innenstadt spürbar sind, drohte die neue HafenCity regelmäßig zu ertrinken. Deshalb werden alle Häuser so gebaut, dass ihre bewohnten oder bewirtschafteten Räume erst 7,5 Meter über dem Hochwasserpegel beginnen. Bei Sturmflut werden die Schotten vor den Tiefgaragen einfach dicht gemacht. Damit die Fußgänger dennoch trockenen Fußes durch die Quartiere gelangen, werden erhöhte Wege und zahlreiche Brücken angelegt. Das dürfte Hamburgs Status als Stadt mit den meisten Brücken der Welt – mit rund 2500 Exemplaren gibt es mehr als in London, Venedig und Amsterdam zusammen – weiter festigen.

Links: Die neue Hamburger Architektur wird unter anderem vom Architekturbüro Bothe, Richter, Teherani mitbestimmt. Eines ihrer markanten Bürogebäude ist die sogenannte „Hamburger Welle“ im Stadtteil Hohenfelde. Aus der Luft betrachtet rollt sich das Gebäude schneckenartig um ein Atrium auf.

Die kleine Schwester der HafenCity: Binnenhafen Harburg

Eine dieser Brücken soll irgendwann auch über die Elbe führen, um den dünner besiedelten Hamburger Süden enger an den Norden zu binden. Bisher endete jeder noch so tollkühn gewagte „Sprung über die

Elbe“ als kleiner Hüpfer. Dabei liegen südlich der Elbe und nur zehn Minuten vom Zentrum entfernt mit Wilhelmsburg eine der größten Flussinseln Europas und noch einmal zehn Minuten weiter die kleine Schwester der HafenCity: der alte Binnenhafen im Stadtteil Harburg. Dort werden – im deutlich kleineren Stil – ebenfalls historische Bausubstanz und moderne Gebäude zu einem zentralen Hafenquartier zusammengeführt.

Glas, Beton und Stahl dominieren das neue Bauen auch in Hamburg. Sichtbar unter anderem am Restaurant Chilli Club, dem 2005 eröffneten, ersten Restaurant der HafenCity.

REPSOLD

Linke Seite:
Blick vom Kaiserkai auf den Sandtorkai. An der Spitze des Kaiserkais entsteht mit der Elbphilharmonie das architektonisch ambitionierteste Gebäude der gesamten HafenCity.

Tradition trifft Moderne: Zwischen den modernen Gebäuden an Kaiserkai und Sandtorkai schwimmen die alten Schiffe. Zum Konzept der HafenCity gehört die gezielte Gestaltung aller Flächen. Im Sandtorhafen etwa wurde ein Traditionsschiffhafen angelegt, der über begehbare Pontons erreichbar ist.

Das neue Bauen hat in Hamburg nicht nur Freunde. Insbesondere den aus Stahl und Beton errichteten Neubauten in der HafenCity wird häufig austauschbare Gleichförmigkeit vorgeworfen. Mit neuen Architektenwettbewerben sollen in den letzten Bauabschnitten noch einmal „Leuchttürme" geschaffen werden.

Seite 90/91:
Dort, wo seit 2008 der neue Stadtteil HafenCity entsteht, war mehr als 100 Jahre lang Hafengelände. Mit dem Traditionsschiffhafen vor der Kulisse der Gebäude am Sandtorkai wird an diese Historie erinnert.

PPING
STOCKHOLM

TOLKIEN

Die Architekten Bothe, Richter, Teherani haben mit dem futuristischen Deichtorhaus an der Oberbaumbrücke im alten Stadtteil Klosterhof die Torsituation neu definiert. Das auffällige Prisma wurde 2002 fertiggestellt.

Auf der Ericus-Spitze hat der Spiegel-Verlag sein neues Verlagsgebäude errichten lassen. Das Gebäude des Kopenhagener Architekturbüros Henning Larsen soll eine Art Rahmen um die mehr als 1100 Beschäftigten des Verlages bilden. Der Glasbau ist beispielhaft für neueste ökologische Bauweise, es verfügt etwa über Kühl- und Wärmesegel sowie eine Betonkernaktivierung statt herkömmlicher Heiz- und Klimaanlagen.

Im Kaispeicher B zwischen HafenCity und Speicherstadt hat das Internationale Maritime Museum seine Heimat gefunden. Die Ausstellungsstücke zur Geschichte der internationalen Seefahrt stammen von Peter Tamm. Der einstige Axel-Springer-Vorstandschef hat die wohl umfangreichste Sammlung der Welt zusammengetragen.

Eine schönere Panoramafahrt als mit der Linie U3 kann man in Hamburg nicht bekommen: In weiten Teilen aufgeständert, rollt die Hochbahn – so heißt die U-Bahn in der Hansestadt – am Elbufer entlang. Fahrgäste genießen den Blick auf Schiffe, Werften und Musical-Gebäude.

Das Verlagsgebäude von Gruner + Jahr liegt direkt an der Hochbahnstation Baumwall. Wer hier arbeitet, hat nicht nur ein Büro mit U-Bahn-Anschluss, sondern – die richtige Wetterlage vorausgesetzt – auch Sonne von morgens bis abends.

Keine Stadt der Welt hat so viele Brücken wie Hamburg. Manche sind Zeugen der Technikgeschichte, darunter auch die Oberhafenbrücke aus dem Jahr 1904. Jeder Zug, der den Hamburger Hauptbahnhof nach Süden verlässt, rollt über das Bauwerk, dessen untere Ebene eine Straßenbrücke ist.

Eine schräge Angelegenheit ist die Oberhafenkantine in der Stockmeyerstraße dank Unterspülungen und in der Folge des Absackens des Gebäudes. Die kleine Restaurant-Bar mit Gleisanschluss genießt Kultstatus.

Seite 96/97:
Hafenatmosphäre pur: Der Blick von den Landungsbrücken auf die dominante Elbphilharmonie lässt keinen Zweifel daran, dass die Stadt ihren Wohlstand Hafen, Handel und Kommerz verdankt. Deutschlands teuerster Kulturtempel steht dort, wo Jahrzehnte lang Waren aus aller Welt angelandet und verkauft wurden.

ROCKY
HAMBURG
Wir machen Sie sicherer.
ELBMEILE
BLANKENESE
BLANKENESE

CAP SAN DIEGO
Wenn Sie aussteigen möchten, bitte rechtzeitig zum Ausgang gehen.

In jedem Jahr ist der Hamburger Hafen in den Tagen um den 7. Mai herum Schauplatz eines riesigen Volksfestes. Der Hamburger Hafengeburtstag zieht Millionen von Besuchern aus ganz Europa an, die an drei Tagen die einmalige maritime Atmosphäre genießen. Seit 1977 ist er fester Bestandteil des Hamburger Festkalenders.

Am 7. Mai 1189 hatte Kaiser Friedrich Barbarossa den Hamburgern einen Freibrief ausgestellt, in dem den auf der Elbe verkehrenden Schiffen zwischen der Stadt und der Nordseeküste Zollfreiheit zugesichert wurde. Die Ein- und Auslaufparade der vielen historischen Segelschiffe bilden den traditionellen Höhepunkt des dreitägigen Hamburger Hafengeburtstages.

Seite 100/101: Wer die Dachterrasse des Arcotels an der Reeperbahn erklimmt, wird mit einem grandiosen Ausblick auf den Hafen belohnt. Das frühere Schmuddelimage der „sündigen Meile" ist an dieser Stelle des Viertels längst einem Event-Overkill gewichen, Secco und Aperol haben Astra und Co. den Rang abgelaufen. Was der Aussicht nicht zum Nachteil gereicht.

BUROFLACHE AB
1.200 M^2
040 – 35 510

Linke Seite:
Eines der aufregendsten Gebäude an Hamburgs nördlichem Elbufer ist das Dockland am früheren Altonaer Fischereihafen. Der Entwurf zu dem Bürogebäude in Form eines Parallelogramms stammt aus der Feder des Hamburger Architekturbüros BRT (Bothe, Richter, Teherani).

Wie ein Schiffsbug ragt die Westseite des Gebäudes in Richtung Elbmündung. Zu don Besonderheiten des Dockland gehören seine Personenaufzüge, die alle diagonal verkehren.

In voller Breite führt die Außentreppe auf der Ostseite auf das Dach des Dockland. Und bietet hier die perfekte Aussicht auf die vielen faszinierenden Schiffe, die Hamburg anlaufen. Gleich neben dem Dockland liegt das Altonaer Kreuzfahrtterminal, eines von drei, die Hamburg benötigt, um die immer häufigeren Anläufe der Ozeanriesen bewältigen zu können.

Die Elbfähren der HADAG, die Teil des Hamburger Verkehrsverbundes sind, gehören zu den beliebtesten Verkehrsmitteln der Hansestadt. Mit einem ganz gewöhnlichen Tagesticket kann man die Stadt am Fluss im Westen bis nach Finkenwerder und Teufelsbrück „erfahren“, im Osten bis in die HafenCity.

Mississippi-Stimmung auf der Elbe. Zwei Heckraddampfer gehören zum festen Inventar einer großen Flotte von Ausflugsschiffen, die tagtäglich zu Rundfahrten im Hamburger Hafen ablegen. Für Einblicke in die Speicherstadt, Schleusen und kleine Seitenkanäle empfiehlt sich aber die Fahrt mit einer klassischen Barkasse.

Ganz dicht fahren die Elbfähren der Linie 62 an den großen Containerschiffen vorbei, die am südlichen Elbufer festmachen. Die Aussicht könnte besser nicht sein.

Nicht erst die Elbphilharmonie verweist auf das enge Band zwischen Hafen, Handel und Kultur. Das Elbjazz-Festival im Mai lässt Musiker und Gäste Teil der Hamburger Hafenwirtschaft werden, seine Spielorte sind authentisch.

Seite 106/107: 1968 wurde am HHLA-Terminal Burchardkai die erste genormte Stahlbox umgeschlagen. Heute werden am ältesten und größten Containerumschlagplatz der Stadt entlang einer 2850 Meter langen Kaimauer zehn Schiffe gleichzeitig be- und entladen.

EUROKAI

EUROGATE

1877 gründeten Hermann Blohm und Ernst Voss auf der Elbinsel Kuhwerder ihre Werft – argwöhnisch betrachtet vom Hamburger Senat. Der unternehmerische Erfolg kam mit dem Bau von Kriegsschiffen. Heute ist Blohm + Voss die letzte unabhängige Großwerft der Stadt. In den Schwimm- und Trockendocks werden unter anderem Kreuzfahrtschiffe gewartet und Luxusyachten gebaut.

Die zwei Gesichter des Hafens: Geschäftigkeit und Internationalität bestimmen die wirtschaftliche Seite des Warenumschlags, der der Stadt ihren Wohlstand beschert hat. Gleichzeitig stehen die stimmungsvoll beleuchteten Containerbrücken für eine eigene Art der Industrieästhetik.

In einem eleganten Bogen überspannt die Köhlbrandbrücke seit 1974 den 325 Meter breiten, Köhlbrand genannten Arm der Süderelbe. Das Hamburger Wahrzeichen verbindet den Hafen mit der Autobahn 7. Allerdings wird die Brücke zunehmend zum Hindernis, denn die immer größeren Containerschiffe können sie nicht mehr ohne Weiteres passieren.

So schön kann Abfall sein: Die Faultürme des Klärwerks im Hamburger Hafen werden illuminiert. Zu Ostern auch schon mal mit Schleifchen.

Heimathafen Hamburg – Geschichte einer langen Liebe

Das Schauspiel wiederholt sich jedes Mal, wenn die „Queen“ (Mary 2) oder eine ihrer Schwestern nach Hamburg kommen: Hunderte, manchmal Tausende Schaulustige versammeln sich am Elbufer, um zu den Decks der Kreuzfahrtschiffe aufzusehen, um zu staunen, wie schmal die Elbe plötzlich wird und wie gekonnt die Kapitäne die Kolosse bei Hochwasser zentimetergenau zu einem der mittlerweile drei Kreuzfahrtterminals manövrieren. Ein zigfach erlebtes Spektakel und doch immer wieder schön.

Die Liebe zu Schiffen beschränkt sich bei den Hamburgern nicht nur auf die eleganten Luxusliner, die zunehmend in der Hansestadt ankern. Jeden Tag druckt die lokale Tageszeitung ab, welche Frachtschiffe im Hafen erwartet werden. Auf den Homepages von Stadt und Hafen sind die noch immer Segelkalender genannten Schiffsfahrpläne prominent platziert. Und

Hafen damals und heute: Im Museumshafen Oevelgönne werden alte Segel- und Dampfschiffe liebevoll gepflegt. Die meisten sind fahrtüchtig.

die etwas skurrile Schiffsbegrüßungsanlage in Schulau – eigentlich schon auf niedersächsischem Gebiet – erfreut sich größter Beliebtheit bei Ausflüglern.

Hamburg und Hafen – das ist für die Hanseaten wie eine lange, glückliche Ehe. Es ist noch sehr viel Liebe da, man hängt aneinander und akzeptiert die Schrullen des Anderen. Doch nicht mehr so ohne Weiteres. Der Hafen ist es, der der Stadt ihren Wohlstand beschert hat. Nach Krisenjahren wächst der Warenumschlag nun wieder. Zum Glück, wie die Hamburger denken. Die Dauerlärmkulisse des Hafens jedoch und der ständige Hunger auf neue Flächen sorgen für Verstimmung. Wer beispielsweise entlang der alten Kapitäns- und Lotsenhäuser in Övelgönne spazieren geht, genießt die romantische Atmosphäre. Für die Anwohner jedoch haben sonntägliche Massenaufläufe und der 24-Stunden-Betrieb des gegenüberliegenden Burchardkais ihre Schattenseiten.

Gleiches gilt für das Airbus-Werk in Finkenwerder: Anwohner – vor allem im gegenüberliegenden Edelstadtteil Blankenese – und Umweltschützer wehrten sich vehement gegen den Ausbau des Werkes, für den das größte Süßwasserwatt Europas zugeschüttet wurde, und gegen die Verlängerung der Startbahn ins Obstanbaugebiet Altes Land hinein. Inzwischen wurde das 178ste Flugzeug vom Typ A 380 und mehr als 5000 Maschinen der A320-Serie ausgeliefert. Airbus ist zu einer weiteren Erfolgsgeschichte für die Stadt geworden.

Alte Hafenromantik versus Faszination für moderne Technik

Noch immer verstecken sich in den zahlreichen Fleeten des Hafens kleine Familienbetriebe wie spezialisierte Werften oder Bootsausstatter, ist die historische Speicherstadt der größte Lagerhauskomplex für Orientteppiche, auch wenn in den Backsteinbauten längst mehr Werbefirmen und Museen residieren als einst Kaffee- und Teehändler. Doch die Hafenromantik ist vor allem ein Fantasieprodukt der Vergangenheit, abgelöst von der Faszination für eine Technik, die den Menschen immer häufiger zum Statisten degradiert: Ferngesteuerte Vancarrier (Portalhubwagen), die selbstständig Container vom Kai auf den optimalen Stellplatz bringen. Ein Containerterminal, dessen Architektur und Automatisierung auch 15 Jahre nach Inbetriebnahme noch als Maßstab der Dinge gilt. Turmhohe Containerbrücken, mit denen die Könige der Terminals, die Brückenfahrer, geradezu kunstvoll die riesigen Schiffe in wenigen Stunden entladen. Geschäftiges Summen und Brummen im immer gleichen Rhythmus und doch permanent einen Takt schneller werdend.

Rechts: 30 Containerbrücken stehen mittlerweile am größten Containerterminal der Hamburger Hafen und Logistik AG (HHLA). Der älteste Umschlagplatz für die genormten Stahlboxen kann alle Größen von Schiffen abfertigen, auch Riesen wie die CMA CGM Marco Polo, das 16 000 Container fasst. Gemessen an seiner Umschlagskapazität ist der Hamburger Hafen übrigens der zweitgrößte Europas.

Links:
Eine Attraktion in der HafenCity sind die Kreuzfahrtschiffe, die am noch immer provisorischen CruiseCenter Grasbrook anlegen. Weil die Zahl der Kreuzfahrtschiffe seit Jahren wächst, ist das HafenCity-Terminal längst an seiner Kapazitätsgrenze. Zwei weitere Anleger für die Ozeandampfer sind in Altona und in Steinwerder entstanden.

Der Hafen wächst und verleibt sich immer mehr Fläche vor allem westlich und südlich der Elbe ein. Im Osten hat er mit den Elbbrücken eine natürliche Wachstumsgrenze. So ist das, was Touristen und Einheimische heute von den Landungsbrücken aus oder an Bord eines Rundfahrtschiffes erleben, nur noch der kleinste Teil des Hafens. Viel mehr von seinen Flächen sieht, wer mit dem Auto über die A7 und durch den Elbtunnel nach Hamburg fährt. Dort, wo sich noch vor wenigen Jahren kleine dörfliche Siedlungen hinter die Elbdeiche kuschelten, vibriert heute die betonierte Erde unter den hin- und hersausenden Vancarriern.

Neue Innenstadt auf altem Hafengrund

Was des einen Leid, ist des anderen Freud: Als dem Freihafen die Flächen am Nordufer der Elbe in unmittelbarer Nachbarschaft zur Speicherstadt zu eng wurden, zog der ganze Tross einfach weiter nach Süden und stampfte auf dem Acker neue Stellplätze für die Transportboxen der Moderne aus dem Boden. Plötzlich hatte Hamburg im Zentrum Land zur Verfügung. 123 Hektar Land, das von 34 Hektar Wasser umgeben ist. Land, das schon einmal von 20 000 Menschen bewohnt war, die aber Ende des 19. Jahrhunderts dem wachsenden Hafen weichen mussten. Land in bester Lage, 800 Meter vom Rathaus und 1000 Meter vom Hauptbahnhof entfernt. Seit mehr als zehn Jahren baut sich die Hansestadt dort nun mit der HafenCity eine zweite Innenstadt in schönster Wasserlage an den Ufern der Elbe. Und wenn im Jahr 2025 tatsächlich alles fertig ist, dann wird dieser neue Stadtteil die nächste Erfolgsgeschichte Hamburgs schreiben.

Die Rostocker Reederei AIDA Cruises betreibt in Hamburg ein eigenes Kreuzfahrtterminal, so häufig landen die Kreuzfahrtschiffe mit dem Kussmund in der Hansestadt an. AIDAprima, das jüngste Mitglied der Reedereifamilie, geht ab Frühjahr 2016 sogar wöchentlich von Hamburg aus auf Nordeuropa-Fahrt.

Dort, wo 1963 die Alte Süderelbe abgedeicht wurde, erheben sich heute die Containerbrücken des Containerterminals Altenwerder. Obwohl schon seit 2002 in Betrieb, gilt das Terminal noch immer als eines der modernsten seiner Art. Die Stahlboxen werden dort unter anderem von führerlosen Vancarriern von und auf die Schiffe gebracht.

Der „Duckdalben" wurde von den Seeleuten zum besten Seemannsclub der Welt erklärt. Im Schnitt besuchen täglich 100 Seeleute den Club unterhalb der Köhlbrandbrücke. Sie finden dort nicht nur Ablenkung vom stressigen Alltag an Bord, sondern auch die Möglichkeit, günstig mit ihren Angehörigen in der Heimat zu kommunizieren. Eine Besonderheit des Duckdalbens ist der Gebetsraum, in dem alle großen Weltreligionen und ein paar kleinere mit eigenem Altar eine friedliche Koexistenz führen.

Gern angesteuertes Ziel während einer Hafenrundfahrt sind die verschiedenen Docks. Von der Luxusyacht bis zum Containerfrachter wird in Hamburg noch immer alles repariert.

Wie Spinnen auf Rädern sehen die Vancarrier genannten Verladefahrzeuge für die Container aus. Sie sind die Motoren, die den Containerumschlag am Rollen halten – hier am Eurogate Terminal in Waltershof.

Seite 114/115: Blick von den Landungsbrücken auf das Trockendock Elbe 17 der Traditionswerft Blohm + Voss. Das Dock ist eines der größten Europas. Kreuzfahrtriesen wie die Queen Mary 2 liegen dort regelmäßig zur Wartung. Der Uhrenturm an den Landungsbrücken ist gleichzeitig ein Pegelturm, der den Wasserstand der Norderelbe anzeigt.

MSC ILONA
HAMBURG
BLOHM + VOSS DOCK EL

Oben:
Auch entlang der Elbe in Altona sind zahlreiche Neubauten entstanden, die für das neue Hamburg stehen. Dort findet sich mit dem Elbberg Campus Altona ein weiterer Entwurf des Architekturbüros Bothe, Richter, Teherani.

Rechts:
Dort, wo St. Pauli und Altona aneinandergrenzen, besticht Hamburg mit urbaner Moderne in historischen Gebäuden. Die alte Mälzerei direkt neben dem Fischmarkt wird seit 1996 vom „stilwerk" genutzt, einem Zentrum internationalen Designs.

Links:
Das Büro- und Loftgebäude Elbberg Campus Altona ist in den Hangverlauf am Elbufer integriert.

AUREL
Aurel
sacht:
MOIN MOIN
Happy Caipi 4 €
Happy Mojito 6,50
Heisses 2 €

Sie ist Kult und lebt Kultur: „Die Fabrik“, die bei ihrer Gründung 1971 Deutschlands erstes Kultur- und Kommunikationszentrum war. Als Stadtteilzentrum bietet die ehemalige Maschinenfabrik ein umfangreiches Programm für Kinder und Jugendliche. Abends steppt der Bär, wenn junge Künstler und in Ehren ergraute Weltstars der Jazz- und Rockszene auftreten.

Linke Seite:
Rund um den Alma-Wartenberg-Platz im beliebten Szene-Bezirk Ottensen hat sich eine lebendige Szene unterschiedlichster Couleur etabliert. In den dortigen Kneipen wie dem Aurel und dem Familien-Eck wurde auch Erfolgsregisseur Fatih Akin sozialisiert, dessen Film „Gegen die Wand“ zum Großteil im Viertel gedreht wurde.

Dass die einst unabhängige Stadt Altona eine ganz eigene Geschichte als Seefahrer-Gemeinde hat, erzählen zahlreiche Orte, etwa die Seemanns-Kneipe „Der Seeteufel“. Heute bereichern solche traditionsreichen Etablissements die vielfältige Gastronomie entlang der Elbe.

Wo einst der fangfrische Fisch meistbietend unter den Hammer kam, trifft sich heute das Partyvolk: Die Altonaer Fischauktionshalle, von Kaiser Wilhelm II. 1896 eingeweiht, hat sich schon vor Jahren zur Eventlocation gewandelt. Auch das Elbufer hat seinen Charakter völlig verändert: Schick umgebaute Speicher, ein renommiertes Designkaufhaus und jede Menge Edelgastronomie dominieren das alte Fischereihafengebiet von Altona.

Zeugnisse aus der Geschichte Altonas und des norddeutschen Raumes sowie eine beachtliche Sammlung von Schiffsmodellen füllen die Vitrinen und Räume des Altonaer Museums. Das auf Initiative Altonaer Bürger schon 1863 gegründete Haus gehört zu den großen und renommierten regionalgeschichtlichen Museen der Bundesrepublik.

Das gelbe Haus am Fischmarkt steht auf dem Gebiet von St. Pauli, während der gegenüberliegende berühmte St. Pauli Fischmarkt rein territorial betrachtet auf der Gemarkung Altona liegt. Während sich die Elbkante aufhübscht, zieht der Zeitgeist am Restaurant „Fischerhaus" vorbei. Zum Glück für Liebhaber der original hamburgischen Küche: Labskaus, Pannfisch und Aalsuppe stehen hier traditionell auf der Karte.

Wie sich St. Pauli verändert, wird schon am Gebrüder-Wolf-Platz gegenüber dem Fischmarkt deutlich: Benannt wurde der Platz nach den drei Brüdern Wolf, die am Beginn des 20. Jahrhunderts zu Stars des Varietés wurden. Hier reihen sich die modernen Bauten aneinander, die die engen, geduckten Häuser des alten St. Pauli ablösen.

Seite 122/123: Blickt man von Altona in Richtung St.-Pauli-Landungsbrücken, erkennt man deutlich, wie eng der wohl berühmteste Stadtteil Hamburgs bebaut ist. Die früher oft dunklen Straßenzüge werden seit Jahren durch moderne Architektur aufgehellt.

Carlsberg

Größer könnte der Kontrast kaum sein: Am östlichen Eingang zur Reeperbahn tanzen seit 2012 die „Tango-Türme", ein weiterer Entwurf des Architekturbüros Bothe, Richter, Teherani. Die beiden Türme symbolisieren ein tanzendes Paar – vielleicht in Anlehnung an einen Vorgängerbau, in dem ein beliebtes Tanzlokal beheimatet war.

Linke Seite: Ein Filetstück im Herzen von St. Pauli war das Bavaria-Gelände, auf dem unter anderem das Kultbier Astra gebraut wurde. Heute erheben sich dort mehrere Hochhäuser, unter anderem das luxuriöse Empire Riverside Hotel. Von dessen Skyline-Bar „20up" hat man einen der besten Ausblicke auf Hafen und Stadtteil – etwa auf den 60 Meter hohen DWI-Turm gegenüber, der den Mittelpunkt der sogenannten neuen Hafenkrone bildet.

Dock 47 haben die Architekten Spengler und Wiescholek ihr markantes, rotes Bürohaus am Pinnasberg in Sichtweite von Elbe und Fischmarkt in St. Pauli genannt. Spengler und Wiescholek gehören wie Bothe, Richter und Teherani zu den Baumeistern des neuen Hamburg.

Das alte St. Pauli lebt fort im kleinen St.-Pauli-Museum an der Davidstraße, das dem Engagement seiner Bürger zu verdanken ist. Der Vorstand besteht ausschließlich aus ehrenamtlich arbeitenden Anwohnern. Im Museum wird die Geschichte des Stadtteils vom mittelalterlichen Kloster bis zum Rotlichtbezirk nacherzählt.

Der Eingang zur Herbertstraße, dem Symbol käuflicher Liebe auf St. Pauli. In Zeiten von Cybersex hat dieser Straßenzug schon beinahe etwas Charmant-Nostalgisches.

Der Eingang zur legendären Boxkneipe „Zur Ritze" des verstorbenen Kiez-Originals Hanne Kleine ist wohl so etwas wie Deutschlands bekannteste Kneipentür. Im Ring des Boxkellers standen so berühmte Boxer wie Muhammad Ali, Henry Maske oder die Klitschko-Brüder. Und am Tresen nehmen Kiezgrößen und Prominente wie Udo Lindenberg und Ben Becker neben schaulustigen Touristen und durstigen Kiezbewohnern Platz.

Was wären die Beatles ohne Hamburg? In den Clubs Indra und Kaiserkeller und natürlich im legendären Star-Club auf dem Kiez nahm die Weltkarriere der damals noch fünf Liverpooler Jungs ihren Anfang. Am Eingang zur Großen Freiheit erinnert seit 2008 eine stilisierte Schallplatte mit den Silhouetten der fünf Musiker an die einzigartige Band.

Vergnügungen jeglicher Art haben rund um die Reeperbahn Tradition. Carl Hagenbeck, Gründer des gleichnamigen Tierparks, stellte beispielsweise seit 1875 exotische Tiere und Menschen auf dem Spielbudenplatz aus. Der Hamburger Dom auf dem Heiligengeistfeld hingegen nahm seinen Anfang im 1804 abgerissenen Mariendom. Dort durften sich Händler und Schausteller bei „Schietwetter" unterstellen. Aus diesem Brauch entwickelte sich das heutige Volksfest, das drei Mal im Jahr hunderttausende Besucher anzieht.

Das Revier der Davidwache an der Ecke Spielbudenplatz/Davidstraße ist mit nicht einmal einem Quadratkilometer Fläche das kleinste Europas. Direkt an die berühmteste Polizeistation Deutschlands grenzt der sogenannte Sperrbezirk an, ein Straßengeviert, in dem die Prostitution verboten ist – jedoch nicht zwischen 20 und 6 Uhr. Was zu einem phänomenalen Schauspiel führt, denn Punkt acht wachsen die Prostituierten quasi aus dem Boden.

Seite 130/131:
Ein vertrautes Bild: Die Hafenschlepper an den Landungsbrücken. Kein Wunder, dass die Bewohner der ehemals besetzten Häuser an der Hafenstraße nicht auf diesen Elbblick verzichten wollten ... Dort, wo in den 1980er-Jahren Straßenschlachten tobten, ist längst Ruhe eingekehrt. Die Szene hat sich eingerichtet.

Auch das ist St. Pauli: In unmittelbarer Nähe zu Sex und Rock'n'Roll feiern die Katholiken in einer der schönsten Barockkirchen Norddeutschlands ihre Gottesdienste. Die St.-Joseph-Kirche steht an der Großen Freiheit, die bis 1938 zu Altona gehörte. In der einst dänischen Stadt herrschte Religionsfreiheit, wovon Straßenname und Kirche heute noch zeugen.

BUGSIER 18
18

Hamburgs neues
Kriegswahrzeichen
gluck-gluck mit tamm-tamm
StrandPauli
VBL
BUGSIER 18
HAMBURG
52
50
48

in Ein
nernachtstraum
BECK'S
BECK'S

Linke Seite:
Eine Berühmtheit aus St. Pauli war der Volksschauspieler und Sänger Hans Albers. Mit einer Plastik hat der Künstler Jörg Immendorff dem Hamburger Original ein Denkmal gesetzt – natürlich am Hans-Albers-Platz auf dem Kiez.

Das Karolinenviertel ist so etwas wie die kleine Schwester des Schanzenviertels. Allerdings geht es in den Straßen weniger hektisch zu. Rund um die Marktstraße haben sich zahlreiche junge Designer mit ihren Boutiquen niedergelassen.

In der Karolinenpassage. Viele Jahre ein sozialer Brennpunkt, wirkt das Karolinenviertel nach behutsamer Renovierung heute fast wie ein Dorf. Dieser Eindruck wird durch die Enge der Straßen und die vielen dort ansässigen Familien verstärkt.

Hamburg, die Musikmetropole

Man kann ganz einfach auf die lange Musikgeschichte der Stadt, ihre Protagonisten, das aktuelle Konzertangebot von E- und U-Musik und Hamburgs Musiktempel verweisen, wenn es gilt, den Begriff der Musikmetropole Hamburg zu rechtfertigen. Man kann – wie die Handelskammer in einem aktuellen Positionspapier – ganz im Stil der Hamburger Kaufmannschaft die Erfolgsgeschichte des Hamburger Musiklebens in Zahlen gießen: Rechnet man die musikrelevante Bruttowertschöpfung aus Musikwirtschaft und Tourismus zusammen, ergibt dies die stolze Summe von knapp einer Milliarde Euro. Jährlich. Und es kommt noch besser, denn die Musik habe für Hamburg eine ähnlich große Bedeutung wie der Hafen: Eine bundesweite Umfrage hat ergeben, dass in den letzten fünf Jahren der Besuch eines Konzerts oder Musicals einer der relevantesten Gründe für die Reise nach Hamburg war – noch vor dem Shopping-Wunsch oder einer Sportveranstaltung.

Über das jahrelange politische Getöse rings um die Elbphilharmonie, den modernsten, mutigsten und bekanntermaßen teuersten Musikpalast des Nordens, war das enorme musikalische Potenzial Hamburgs vielerorts fast in Vergessenheit geraten. Der Rauch hat sich gelegt und manch einer reibt sich erstaunt die Augen ob der Erkenntnis, dass Hamburg auch ohne das neue Wahrzeichen der Stadt längst Musikmetropole ist.

Während des Elbjazz-Festivals spielen die Musiker auch an ungewöhnlichen Plätzen wie der Schlachthofpassage. Das Musikereignis findet seit 2010 statt.

Von Telemann bis zu den Beatles

Die Hafen- und Hansestadt Hamburg bekommt mit der Elbphilharmonie nicht zum ersten Mal in ihrer Geschichte einen Superlativ. Als im Jahr 1678 am Gänsemarkt die erste bürgerlich-städtische Oper gegründet wurde, war sie die größte Bühne Nordeuropas. Einige der Musikdirektoren des 18. Jahrhunderts wie Georg Philipp Telemann, der durch seine Wassermusik „Hamburger Ebb' und Fluth" der Stadt ein musikalisches Denkmal setzte, oder sein Patensohn Carl Philipp Emanuel Bach haben mit ihren Werken Musikgeschichte geschrieben. Nur wenige hundert Meter trennten die Geburtshäuser von Felix Mendelssohn Bartholdy (1809) und Johannes Brahms (1833). Gustav Mahler schreibt in den Jahren nach 1890 als Kapellmeister am Hamburger Stadttheater die Liste berühmter Hamburger Musiker fort. Nur wenig später, im Jahr 1908, eröffnet mit der Laeiszhalle das damals modernste Konzerthaus Deutschlands. Mit einer Professur für Komposition bindet Hamburg nach dem Zweiten Weltkrieg mit dem ungarisch-österreichischen Komponisten György Ligeti einen der renommiertesten Komponisten der Moderne für viele Jahre an die Stadt.

Während Ligeti unter anderem auch Filmmusiken wie die zu „2001: Odyssee im Weltraum" komponiert, schreibt die U-Musik auf St. Pauli schon längst Weltgeschichte: Mit ihren legendären wilden ersten Jahren starten die Beatles Anfang der 1960er in der Großen Freiheit ihre Karriere, und die letzten Protagonisten sind bis heute in enger Freundschaft mit der Stadt und ihren damaligen Begleitern verbunden. Der Star Club in der Großen Freiheit wird für Jahre Deutschlands berühmtester Musikclub, in dem sich bis zur Schließung 1969 die berühmtesten Rockbands der Welt die Klinke in die Hand geben.

Die musikalische Dynamik von damals ist auf St. Pauli ungebrochen. Zahlreiche Clubs und Bühnen ziehen Abend für Abend ein großes Publikum auf den Kiez. Höhepunkt der Musikszene und eines der größten seiner Art in Europa ist das Reeperbahn Festival, bei dem in jedem Jahr an vier Tagen im September ganz St. Pauli fiebert. Auf dem Programm stehen rund 600 Konzerte aller Genres wie Indie, Pop, Rock, Folk,

Rechts: Dass Hamburg eine Stadt der Musik ist, kann man an vielen Orten erleben. Nicht nur in etablierten Konzerthäusern wie der Laeiszhalle am Johannes-Brahms-Platz.

Singer-Songwriter, Electro, Hip Hop, Soul, Jazz und Neo-Classic. Aber Hamburg wäre nicht Hamburg, wenn es bei den Gigs und Konzerten bliebe. Parallel zum musikalischen Festival präsentiert sich eine stetig wachsende Business-Plattform für Unternehmen und Organisatoren der Musik- und Kreativwirtschaft. Klotzen statt kleckern: Rund 2800 Professionals aus der ganzen Welt machen das Reeperbahn Festival zu einem der drei wichtigsten Branchentreffen.

Wie überschaubar waren da doch die Anfänge der sogenannten Hamburger Szene Mitte der 1970er-Jahre. Legende sind die Geschichten rings um das legendäre Onkel Pö in Eppendorf. Mit Udo Lindenberg, Otto Waalkes, Truck Stop oder Inga Rumpf sind einige der Heroes von damals bis heute im großen Geschäft.

Links:
An zwei Tagen Ende Mai finden während des Elbjazz-Festivals rund 50 Konzerte auf dem Hamburger Hafengelände statt – hier die Open-Air-Bühne.

Künftig wird sie das erste Haus am Platz sein: Die 110 Meter hohe Elbphilharmonie wurde von dem Architektenbüro Herzog & Meuron geplant.

Die Traumfabriken

Erfolgsgeschichten können aber auch mit Katzenjammer beginnen. Als 1986 das Musical „Cats" im Operettenhaus startete, traute kaum jemand den Machern zu, in diesem heruntergekommenen Teil St. Paulis bestehen zu können. Als die Katzen aus der Feder Andrew Lloyd Webbers 15 Jahre später ausmiaut hatten, war Hamburg eine Musical-Weltstadt, die es perfekt verstanden hat, das Genre der leichten Muse zu einer Geldmaschine zu machen. „Buddy", „Mamma Mia", das „Phantom der Oper" und natürlich der „König der Löwen" – letzterer kratzt schon am Aufführungsrekord von Cats – haben Hamburg Abermillionen von Touristen beschert, die die Hansestadt unter Europas Top 10 der beliebtesten Stadtreiseziele gehoben haben.

HALT
wenn Türen in Bewegung

Er ist ein technisches Denkmal der Weltklasse, der Alte Elbtunnel, der den Stadtteil St. Pauli mit der Elbinsel Steinwerder verbindet. Aufzüge befördern Fußgänger, Fahrräder und Pkws 24 Meter in die Tiefe und nach 426,5 Metern wieder in die Höhe. Wer durch die beiden hell gefliesten Röhren läuft, besucht gleichzeitig eine kleine Galerie. Die Wände zieren zahlreiche Steinzeug-Reliefs mit maritimen Motiven. Die Zugangsgebäude sind bereits strenger und sachlicher als im 1911 noch üblichen Jugendstil errichtet und nehmen bereits Züge des Baustils der Moderne vorweg.

D. José
Portugiesisches
Restaurant

Blick über den Traditionssegler „Rickmer Rickmers“ auf die schwedische Seemannskirche an der Ditmar-Koel-Straße. Das heutige Portugiesenviertel hat eine lange Geschichte als Quartier der Hafenarbeiter und Seeleute. Davon zeugen die vier nordeuropäischen Seemannskirchen und die Seemannsmission Stella Maris sowie einige kleinere Reedereien und der letzte Schiffsausrüster Chr. Weimeister.

Linke Seite.
In den gründerzeitlichen Häusern der südlichen Neustadt, direkt neben den Landungsbrücken, siedelten sich in den 1960er-Jahren zahlreiche portugiesische Einwanderer an, weshalb das Quartier rund um die Ditmar-Koel-Straße heute als Portugiesenviertel bezeichnet wird.

Für eine gute Stimmung im Portugiesenviertel sorgt zweifelsfrei die mediterran inspirierte Küche in den zahllosen Restaurants und Cafés, die den Hafenarbeitern von einst und ihren Nachkommen das Einkommen bescheren.

RT ROB
KOTUG.COM

Blick stromabwärts vom Restaurant Elbwarte im Augustinum in Neumühlen. Bei klarem Wetter ist der Horizont an der Elbe beinahe so weit wie am Meer.

Seite 140/141: Einen exklusiven Blick auf Elbe und Hafen genießen die Senioren im Augustinum-Wohnstift in Neumühlen von ihrem Restaurant Elbwarte aus. Der zur Altersresidenz für betuchte Senioren umgebaute Kühlturm hatte schon so prominente Bewohner wie die Volksschauspielerin Heidi Kabel. Das Restaurant unter der Glaskuppel hat sich zu einem Geheimtipp der Stadt gemausert. Es dient zwar in erster Linie der Versorgung der Hausbewohner, ist jedoch an drei Nachmittagen für die Allgemeinheit geöffnet.

„Die Perlenkette“: Noch bevor die HafenCity Gestalt annahm, wurden architektonische Pretiosen für die Altonaer Hafenkante geplant. Die modernen Neubauten reihen sich inzwischen wie Perlen auf einer Schnur von St. Pauli bis nach Neumühlen.

Meergefühl am Elbstrand. Kilometerlang zieht sich das Sand- und Strandband von Oevelgönne aus in Richtung Elbmündung bis zur Stadtgrenze bei Wittenbergen. Dort gehen Mutige sogar baden, das Wasser der Elbe ist sauber genug.

Die alten Lotsen- und Kapitänshäuser von Oevelgönne sind eine kleine Welt für sich. Sie liegen auf halber Höhe am Elbhang und sind nur zu Fuß erreichbar. Wermutstropfen für die Bewohner: Der Hafen auf der anderen Elbseite schläft nie – und die sonntägliche Invasion der Spaziergänger bleibt ebenfalls selten aus.

Der einstige Landsitz des Hamburger Senators Martin Johann Jenisch in Othmarschen ist heute einer der beliebtesten Parks mit weiter Sicht über die Elbe. Das Jenisch-Haus selbst gehört zum Altonaer Museum und zeigt hanseatische Wohnkultur. Im Park befindet sich zudem das Ernst-Barlach-Haus mit zahlreichen Werken des Künstlers.

Das Gasthaus „Zum Alten Lotsenhaus“ liegt am Oevelgönner Elbuferweg. Hier wurde 1745 die Lotsenbruderschaft gegründet, seit 1801 ist das Haus eine öffentliche Gaststätte und damit eine der ältesten Hamburgs.

Wer möchte da nicht wohnen: In etwas erhöhter Lage am Othmarscher Elbstrand steht ein schönes Anwesen neben dem anderen.

Trotz benachbarter Einkaufszentren und Wohnsilos der 1970er-Jahre hat sich auch im westlichen Stadtteil Osdorf, insbesondere in Elbnähe, der einst ländliche Charakter erhalten – hier am Weselburger Weg.

Eine der feinsten Adressen Hamburgs ist der Süllberg im Stadtteil Blankenese. Die Lage der Häuser am steilen Hang hat beinahe etwas Mediterranes – und erlaubt es nur an wenigen Stellen, sie überhaupt mit dem Auto zu erreichen. Die Gänge und Treppen führen zu wunderschön gelegenen Anwesen mit herrlichem Blick auf das Mühlenberger Loch, das große Süßwasserwatt der Elbe.

Linke Seite:
Der Leuchtturm Wittenbergen ist nur eine Landmarke unter vielen in der Sicherung der Elbschifffahrt. Von Hamburgs Hafen bis zur Mündung der Elbe in die Nordsee müssen die Schiffe rund 100 nicht ganz einfache Flusskilometer zurücklegen. Der Stahl-Leuchtturm am Falkensteiner Ufer gehört zu den ältesten dieser Art und steht unter Denkmalschutz.

Der Fähranleger in Blankenese ist ein geselliger Ort mit bestem Ausblick auf die vorüberfahrenden Schiffe. Zwischen März und Oktober machen dort nicht nur die Ausflugsdampfer auf ihrem Weg zur Niederelbe fest, sondern auch die Hafenfähren der HADAG, die Blankenese dann mit dem gegenüberliegenden Stadtteil Neuenfelde verbinden.

Über 100 Jahre lang war der westliche Stadtteil Ottensen ein Arbeiterviertel voller Maschinenfabriken. Bagger und Schiffspropeller wurden hier gebaut, ebenso wie Drahtstifte oder auch Sandstrahlgebläse. Die Herstellerfirma Gutmann hat ihre Werkhallen in der Völckerstraße 1980 verlassen. Es zogen neue Nutzer hinter die Backsteinfassaden, etwa der renommierte Carlsen-Verlag.

Wo einst Schiffspropeller für die ganze Welt hergestellt wurden, stehen heute Spielfilme im Mittelpunkt: Die Idee eines Medienzentrums rettete die einstigen Zeise-Werkhallen vor dem Verfall. Neben einem Kino, der öffentlichen Bücherhalle, der Filmhauskneipe, kleinen Galerien und Kunsthandwerkstätten gehören auch die Filmförderung Hamburg sowie das Filmbüro mit Schneide- und Technikräumen zu den Nutzern.

Die Ottenser selbst nennen ihren Stadtteil den lebendigsten Hamburgs, eine Kleinstadt im Westentaschenformat. Tatsächlich steht das einstige Arbeiterviertel wie kein zweites für Toleranz und urbanes Lebensgefühl. Das wirkt anziehend – und sorgt für steigende Preise nicht zuletzt auf dem Wohnungsmarkt. In den vergangenen Jahren wurden zunehmend Wohnungen im gehobenen Segment gebaut.

Seite 150/151: Licht und Luft durch Garten: Die Wohnanlage des Altonaer Spar- und Bauvereins in der Mendelssohnstraße im Stadtteil Bahrenfeld gehört zu den schönsten Beispielen genossenschaftlichen Wohnungsbaus in Hamburg. Der Bauverein errichtet seit 1892 Wohnungen vorrangig in Altona, die Liste der Interessenten ist lang.

Ein weiteres Beispiel postindustrieller Nutzung ist der Phoenixhof an der Ruhrstraße. Auf dem Gelände befanden sich das Ottensener Eisenwerk, in dem Schiffsmaschinen produziert wurden, und die Fischräucherei Lill. Heute werden die Büros und Werkstätten vor allem von Beschäftigten der Kreativbranche bevölkert. Es gibt ein Restaurant und Kochschulen, ein Tanzstudio und eine Kunstakademie.

Auf dem höchsten Punkt des Schanzenviertels, das erst seit 2008 ein eigener Stadtteil ist, steht so etwas wie das Wahrzeichen des Viertels, ein Wasserturm von 1910. Seit einigen Jahren ist das fast 60 Meter hohe Industriedenkmal – trotz heftiger Anwohnerproteste – ein Mövenpick-Hotel. Das Bauwerk im Schanzenpark ist gleichsam Symbol der fortschreitenden Gentrifizierung des einstigen links-alternativen Szeneviertels.

Hinter den großen Fenstern haben sich vom Markenstore bis zur individuellen Boutique zahlreiche hippe Läden eingemietet. Die Schanzenstraße hat sich zur Shoppingmeile gemausert. In den Schanzen-Höfen an der Ecke Lagerstraße, wo noch immer der Fleischgroßmarkt sein Domizil hat, serviert Star-Koch Tim Mälzer in seiner „Bullerei" solide Hausmannskost mit persönlicher Note.

Links die „Rote Flora", rechts die Piazza: Auf dem Schulterblatt lässt sich der Wandel im Viertel wie unter einem Brennglas betrachten. Während sich in dem einstigen Flora-Theater noch immer die autonome Szene trifft, verwandeln gegenüber die zahllosen Cafés und Kneipen den Gehweg an sonnigen Tagen in eine mediterran anmutende Straßenzeile. So ist das Schanzenviertel noch immer alternativ, jung und politisch, vor allem aber stylisch und hipp.

Das Schanzenviertel verfügt wie nur wenige Stadtteile über eine nahezu geschlossene Altbau-Substanz. Heute sind die hübschen Fassaden, etwa der einstigen Mädchenschule in der Schanzenstraße, restauriert.

Die Hamburger S-Bahn, hier der Bahnhof Sternschanze, ist neben der Hochbahn die zweite große Stütze des öffentlichen Nahverkehrs. Rund 270 Millionen Fahrgäste jährlich nutzen die von Gleich- und Wechselstrom angetriebenen Fahrzeuge. Anders als in anderen Großstädten spielt die S-Bahn für die Anbindung der ländlichen Umgebung kaum eine Rolle, da sie mit wenigen Ausnahmen praktisch nur innerstädtisch verkehrt.

Linke Seite:
Mitten in der Stadt, direkt am Messegelände, ragt der Heinrich-Hertz-Turm in Hamburgs Himmel. Die Zeiten, in denen man im Drehrestaurant Kaffee und Kuchen satt bekam, sind lange vorbei. Der Fernsehturm ist für den Publikumsverkehr geschlossen, neue Bewirtschaftungspläne werden nach kurzen Diskussionen immer wieder verworfen.

Wenn rings um die alte Rinderschlachthalle Flohmarkt ist und der FC St. Pauli ein Heimspiel hat, geht es um die Feldstraße und den Neuen Pferdemarkt äußerst trubelig zu. Die eigentlich immer entspannte Atmosphäre gehört zu den vielen Besonderheiten bei Hamburgs beliebten Stadtteilclub.

Das repräsentative Hauptgebäude der Universität Hamburg im Stadtteil Rotherbaum wirkt am Rande moderner Institute und Anlagen fast wie ein Fremdkörper. Doch das Haus, dessen 100-jähriges Bestehen im Jahr 2011 gefeiert wurde, ist einer der bedeutendsten Teile der Hochschullandschaft Hamburgs. Es ist kulturwissenschaftliches Zentrum der Universität und Gedenkstätte für die hier vertriebenen Wissenschaftler und Wissenschaftlerinnen während der Zeit des Nationalsozialismus.

Kunstvolle Scheinarchitektur an einer Häuserzeile im Brodersweg in Pöseldorf/Rotherbaum. Im Volksmund auch Schnöseldorf genannt, hat der kleine wohlhabende Stadtteil zwischen Mittelweg und Außenalster eine Vielzahl interessanter architektonischer Eigenheiten.

Seite 158/159:
Kaum ein Stadtteil weist noch eine derart geschlossene Altbausubstanz auf wie das aus westlichem und östlichem Teil bestehende Quartier Hoheluft, das deutschlandweit als eines der am dichtesten besiedelten Stadtteile gilt. Hier ein Blick in die Kremper Straße.

Die Milchstraße in Pöseldorf gilt als „Keimzelle" der sogenannten Hamburger Szene, die in den 1970er-Jahren im Eppendorfer Onkel Pö zu großer Blüte fand. Otto Waalkes, Udo Lindenberg, Gottfried Böttger und viele andere Musiker stehen für eine der schillerndsten Phasen der deutschen Musikgeschichte. Heute ist die Milchstraße ein Ausgehviertel mit vielen Restaurants, Cafés und Kneipen.

Die Hamburger Hochschule für Musik und Theater ist eine der großen Kunsthochschulen Deutschlands. Sie hat ihren Sitz in dem sogenannten Budge-Palais des Hamburger Architekten Martin Haller in Pöseldorf, einem der schönsten Stadtteile an der Alster.

Die typisch hamburgische Terrassenbebauung findet sich beispielsweise im Eppendorfer Schrammsweg. Die hofartige Bebauung sorgt für enge nachbarschaftliche Verhältnisse, was den Charme dieser Art des Wohnens enorm erhöht.

Die oft großzügig geschnittenen Altbauten in Hoheluft-Ost, hier in der Kremper Straße, zeugen von der einstigen Zugehörigkeit des kleinsten Hamburger Stadtteils zum benachbarten Eppendorf. Durch die relative Nähe der Bewohner zueinander hat das Leben rings um den Eppendorfer Weg manchmal fast etwas Dörfliches.

Während die Eppendorfer Landstraße eine vielbefahrene Einkaufsstraße ist, sind ihre oft kleinen Seitenstraßen Oasen der Stille. Die um die Wende zum 20. Jahrhundert erbauten Altbauten, hier in der Haynstraße, verfügen oft noch über originale Einbauten, etwa Fahrstühle aus der Entstehungszeit. In den Vorgärten blüht und grünt es meist üppig.

ST. PAULI
MADEMOISELLE

Linke Seite:
Einer der ältesten Straßenzüge Eppendorfs ist der Schrammsweg zwischen Kellinghusenstraße und Eppendorfer Landstraße. Ein uriges Original und Treffpunkt vieler Anwohner ist die Schramme, die von mittags bis weit in die Nacht täglich geöffnet ist.

Die Wohnbebauung entlang des Lehmweges an der Grenze von Hoheluft und Harvestehude wird von gründerzeitlichen Häusern bestimmt. In die Läden im Erdgeschoss haben sich zahlreiche Boutiquen für Design und Interieur sowie Hochzeitsausstatter und Modeschöpfer eingemietet.

Pralinen, Torten, Marzipan und Petits Fours – die Hamburger Traditionskonditorei Lindtner an der Eppendorfer Landstraße ist seit mehr als 50 Jahren eine Institution und weit über den Stadtteil hinaus berühmt.

Deutschlands schönster Wochenmarkt kann auch bei typischem Hamburger Schietwetter trockenen Fußes besucht werden: Der Isemarkt findet dienstags und freitags entlang der gleichnamigen Straße, aber unter dem Viadukt der Hochbahntrasse statt. Neben regionalen Spezialitäten gibt es so manche Kuriosität zu entdecken.

Am Sonntag will mein Süßer mit mir ... rudern geh'n. Kaum scheint die Sonne, sind die Hamburger auf den zahlreichen Kanälen und Fleeten unterwegs. Vom Wasser aus entdeckt man gepflegte Gärten und herrschaftliche Stadthäuser – hier am Goldbekkanal in Winterhude.

Das Planetarium am Westrand des Hamburger Stadtparks gehört zu den markantesten Gebäuden der Stadt. Ursprünglich ein Wasserturm, bietet es seit 1930 neben faszinierenden Reisen in die Welt der Sterne auch Ausblicke auf das Hier und Jetzt: Von der Besucherplattform in 42 Metern Höhe hat man einen wunderbaren Blick auf den Stadtpark und die Außenalster, Winterhude und die City Nord.

Auch auf dem Wochenmarkt am Goldbekufer in Winterhude findet dienstags, donnerstags und samstags ein vielbesuchter Wochenmarkt statt. Für frisches Obst und Gemüse ohne lange Transportwege sorgen hier wie auf dem Isemarkt und anderen Wochenmärkten in Hamburg traditionell die Obst- und Gemüsebauern aus dem Alten Land und den Vierlanden.

Kleine Parks und ruhige Plätze wie den Schinkelplatz in Winterhude finden sich überall in der Stadt. Sie bilden Oasen im Lärm des Alltags.

Auf dem Goldbekkanal und dem benachbarten Osterbekkanal herrschte noch bis in die 1960er-Jahre reger Schiffsverkehr. Heute werden sie nur noch von Ausflugsschiffen und Paddelbooten befahren.

Am Winterhuder Borgweg, der an den Stadtpark grenzt, stehen die typischen Hamburger Rotklinker-Villen.

Der Stadtpark in Winterhude ist ein Gartenkunstwerk von Fritz Schumacher. Wie seine Gebäude, so hat er auch den Park streng gegliedert. Das stört die Hamburger wenig, sie nutzen ihn genau so, wie es Schumacher wollte: als öffentliche Erholungsanlage, in der jenseits der dicht bebauten Straßenzüge gespielt, gegrillt, gebadet, gelacht und geliebt wird.

Blühende Landschaften – von Parks und Gärten

Vom begrünten Innenhof bis zum verwunschenen Park, von der weitläufigen Gartenanlage bis zum stillen Friedhof – wer glaubt, in Hamburg dominiere maritimes Blau, muss sich schnell eines Besseren belehren lassen. Die Hansestadt gilt als die grünste Stadt in Deutschland. Allein 250 000 Bäume säumen die Hamburger Straßen, mehr als 600 000 wurzeln in den zahlreichen Parks. Zwar sind die großen Naturschutzgebiete der Stadt eher an deren Peripherie zu finden, doch auch die Innenstadt mit Alstergärten, Stadt- und Volkspark, „Planten un Blomen", dem Ohlsdorfer Friedhof, lauschigen kleinen Parks und begrünten Innenhöfen bietet der gestressten Stadtseele genug Raum zum Entspannen.

Rechts: Der 47 Hektar große Grünzug Planten un Blomen, der sich entlang der alten Wallanlagen durch Hamburgs Mitte zieht, war drei Mal Schauplatz der Internationalen Gartenbauausstellung.

Ein Park für die Bürger

Scheint die Sonne über der Stadt, geraten die Hamburger in eine Art Trance. Geradezu zwanghaft heißt es dann Spazierengehen, Laufen, Walken, Kanu oder Rad fahren und

Kletterspaß im Japanischen Garten. Die Anlage ist zentraler Bestandteil des innerstädtischen Parks Planten un Blomen und die größte ihrer Art in Europa.

natürlich Segeln. Rund um die Alster muss man sich an milden Wintertagen geradezu kolonnenartig einreihen, um überhaupt vorwärts zu kommen. Und spätestens dann, wenn die ersten Rauchschwaden durch den Stadtpark zwischen Winterhude und Barmbek wabern, wissen alle: Es ist Sommer. Grillen im Park gehört zu einer der liebsten Abendbeschäftigungen der Hanseaten in der warmen Jahreszeit.

Gut, dass die Altvorderen um die Wende zum 20. Jahrhundert mit reichlich öffentlichem Grün der zunehmenden Verdichtung der Stadt etwas Natur entgegengesetzt haben – ganz dem jeweiligen Zeitgeist entsprechend, versteht sich. Während der 150 Hektar große Stadtpark von Fritz Schumacher als gartenbautechnisches Kunstwerk mit Sichtachsen und Freibad angelegt wurde, setzte Ferdinand Tutenberg im damals noch unabhängigen Altona auf 205 Hektar mit dem Volkspark die reformorientierte Idee eines Naturparks um. Wie volksnah der Park ist, zeigt sich heute vor allem, wenn der Fußball-Bundesligist HSV zum Heimspiel in das dortige „Volksparkstadion" lädt.

Neben den Alsterwiesen gehört die einstige Gartenbau-Ausstellungsfläche „Planten un Blomen" zu den zentralsten Grünanlagen Hamburgs. Angelegt bereits 1897 in den alten Wallanlagen, durchzieht der Park mit seiner vielfältigen Pflanzenpracht und dem größten Japanischen Garten Europas als Grüngürtel die Innenstadt. Dort finden sich auch die Tropenhäuser des Botanischen Gartens, der ansonsten aus Platzgründen seit 1979 in Klein Flottbek beheimatet ist. Neben einem Apotheker- und einem Bauerngarten verfügt die zur Universität gehörende Anlage auch über einen erlebenswerten Duft- und Tastgarten.

Die Gärten der Kaufleute

Nicht weniger lebhaft als in den Bürgerparks geht es heutzutage in den einst verschlossenen Gärten der wohlhabenden Kaufleute an der Elbe zu, etwa im Hirschpark in Nienstedten und im angrenzenden Jenischpark im Stadtteil Othmarschen. Malerisch ziehen sich die naturnahen Anlagen von der Elbchaussee zum Flussufer hinunter.

Die größte Grünanlage der Stadt kommt still daher: mit weiten Rasenflächen, dichten Rhododendron-Büschen, stillen Hainen und lang gestreckten Alleen. Der Friedhof im Stadtteil Ohlsdorf gilt als der größte Parkfriedhof der Welt. In der knapp 400 Hektar großen Parkanlage des Gartenbauingenieurs Johann Wilhelm Cordes haben mittlerweile mehr als 1,4 Millionen Menschen ihre letzte Ruhestätte gefunden. Mit Mausoleen, alten Familiengrabstätten, Prominentengräbern, Skulpturen und klassischen Gartenelementen ist der Friedhof ein Gesamtkunstwerk. Allerdings keines, das sich dem Wandel der Zeiten verschließen würde. Nicht nur, dass sogar Buslinien durch die weitläufige Anlage fahren, es gibt auch Erinnerungsstätten für Kriegs- und Flutopfer

oder eine gemeinsame Grabstätte für Aidskranke. Seit Jahren können sich dort auch Muslime nach ihrem speziellen Ritus beisetzen lassen.

Ein anderer Friedhof erfüllt seine Funktion als Vorhof zum Paradies auf ganz irdische Weise: der Wohlers Park in Altona. Noch immer finden sich dort Grabsteine berühmter Altonaer Persönlichkeiten. Geschätzt wird er aber vor allem für die wohltuende Ruhe am Rande des quirligen Schanzenviertels.

Mancher hält den „Guten Ort" in der Altonaer Königstraße für den nächsten Anwärter auf den UNESCO-Welterbe-Titel: Mit seinen kunstvollen Grabstätten der Sepharden und den zahlreichen Gräbern berühmter Rabbiner legt der 400 Jahre alte Jüdische Friedhof beredtes Zeugnis vom Leben und Sterben in der einst größten jüdischen Gemeinde Deutschlands ab. Öffentliche Führungen finden immer sonntags um zwölf Uhr statt.

Links: Zum Masterplan der HafenCity gehören auch die öffentlichen Plätze und Grünzonen. Für deren Gestaltung gibt es öffentliche Wettbewerbe. Eine der ersten neuen Grünanlagen des Quartiers ist rund um den Grasbrookhafen entstanden.

Neues Grün auf altem Grund

Immer wieder entstehen in der Hansestadt neue Grünanlagen, etwa der mit künstlichen Palmen und einer Rasenfläche in Form eines fliegenden Teppichs etwas skurril anmutende Park Fiction oberhalb des St.-Pauli-Fischmarktes. Jüngstes Mitglied der Hamburger Park-Familie ist der Wilhelmsburger Inselpark, ein Überbleibsel der Internationalen Gartenschau 2013. Dass der Park zwischen Bahngleisen und Bundesstraße eingeklemmt ist, mindert seine Attraktivität keineswegs. Vielmehr hat der stellenweise arg gebeutelte Stadtteil damit ein grünes Herz erhalten, das mit seinen vielfältigen Sportanlagen, den ausgedehnten Ruhezonen am Wasser und den bunten Spielplätzen sehr zentral schlägt.

Wer Ruhe und Erholung sucht, kann auch über den Ohlsdorfer Friedhof gehen. Der größte Parkfriedhof der Welt ist nicht nur Begräbnisstätte, sondern auch eine Grünanlage von besonderer Schönheit, vor allem im Frühling, wenn tausende Rhododendren blühen.

Rechte Seite: Blick von der Mundsburger Brücke nach Uhlenhorst. Da es sich bei dem Stadtteilnamen um das norddeutsche „Eulennest" handelt, wohnt man nicht „in", sondern „auf der" Uhlenhorst.

Restaurant mit Linienschiffanschluss: Schöner als am Mühlenkamp an der Grenze zwischen Uhlenhorst und Winterhude kann eine Gastronomie nicht liegen. Der Anleger wird von den Alsterdampfern, die zwischen Jungfernstieg und Hudtwalckerstraße verkehren, regelmäßig angelaufen.

Von der schwimmenden Kirche bis zum Theater gibt es in Hamburg die vielfältigsten Nutzungsarten auf dem Wasser. Wohnen war allerdings lange untersagt. Im Stadtteil Eilbek durften dann im Rahmen eines Pilotprojektes die ersten Hausboote anlanden.

Seite 172/173: An manchen Wochenenden geht es auf dem Goldbekkanal im Stadtteil Winterhude zu wie auf einer Autobahn. Vereine und Individualisten bevölkern den 1,35 Meter tiefen Wasserarm, der die Außenalster mit dem Stadtpark verbindet. Der Romantik im grünen Tunnel der Bäume tut der Herdentrieb keinen Abbruch.

Linke Seite:
Wer was auf sich hält, tritt in Hamburg einem an der Alster ansässigen Ruderclub bei. Diese Tradition könnte länger nicht sein: 1836 gegründet ist beispielsweise „Der Hamburger und Germania Ruderclub" der älteste Deutschlands.

In der Mittagspause zum Segeltörn – das geht nur in Hamburg. Doch gehört das Kentern der Jollen auf der Außenalster ab und zu zum Bild. Das kleine Segelrevier in der Innenstadt gilt als anspruchsvoll, weil durch die nahen Straßenzüge immer wieder unvorhersehbare Böen zum Wasser hin wehen.

Kajak, Kanu, Faltboot, Ruderboot und Tretboot: Alles, was sich ohne Motorkraft auf dem Wasser fortbewegen lässt, hat an Hamburgs Wasserläufen Konjunktur. Das Leben auf dem Wasser ist wie die Entdeckung einer Parallelwelt abseits der lauten Magistralen.

Weitgehend unbekannt gehört das sogenannte Barmbeker Turmhaus zu den interessantesten Gebäudekomplexen außerhalb der Hamburger Innenstadt. Auf dem Gelände der ehemaligen Heiligengeistkirche, die im Jahr 2005 entwidmet wurde, entstand in den Folgejahren ein Wohnhaus mit rund 50 Eigentumswohnungen, in das ein stehengebliebener Rest der Kirche integriert wurde.

„Tief runter unter die Elbe", T.R.U.D.E, ist der fast liebevoll anmutende Name der größten Schildvortriebsmaschine der Welt. Auf dem Gelände des Museums der Arbeit in Barmbek stehend erinnert das kreisrunde Ungetüm an den Bau der vierten Elbtunnelröhre. Zweieinhalb Jahre lang bohrte sich Trude gleich neben dem Autobahnelbtunnel von Waltershof bis nach Othmarschen durch den Elbboden.

Ganz in der Nähe des Museums der Arbeit und des Bahnhofs Barmbek steht diese alte Dampflok aus den Beständen der Hamburgischen Electricitäts-Werke, die aus dem Jahr 1950 stammt. Das Fahrzeug dokumentiert Industriegeschichte im ehemaligen Arbeiterstadtteil Barmbek genau an der richtigen Stelle.

Seite 178/179: Bei ihrer Einweihung galt die S-Bahn-Station Hammerbrook aufgrund ihrer Brückenlage als einer der modernsten Nahverkehrsbahnhöfe Deutschlands. Um überhaupt eine Bahnanbindung aus dem Zentrum in das eng bebaute Gewerbeviertel und weiter nach Harburg bauen zu können, mussten die Planer in die Höhe gehen. Eine Brücke mehr oder weniger spielt in Europas mit Abstand brückenreichster Großstadt keine Rolle.

Der im Jugend- und Reformstil erbaute U-Bahnhof Mundsburg verkörpert die ganze Ästhetik modernen Bauens um das Jahr 1910. Die verkehrstechnische Moderne findet vor dem Bahnhofsgebäude ihre Fortsetzung in der automatisierten Station für Leihfahrräder, die an zahlreichen Stellen der erweiterten Innenstadt zurückgegeben werden können.

Hamburger Volksbank

Golf

Lange Zeit ein verkehrsarchitektonisches Relikt der 1950er-Jahre beeindruckt der neue Zentrale Omnibus Bahnhof heute mit modernstem Outfit. Er entspricht damit ganz dem neuen Interesse an Busreisen. Rund 40 000 Abfahrten jährlich werden am ZOB gezählt.

Kühne Dimensionen, helle Farben: Die Haltestelle „HafenCity Universität" der neuen U-Bahn-Linie 4 unterscheidet sich markant von den historischen Bahnanlagen der ursprünglichen Hochbahn aus den Jahren um 1900.

Die Haltestelle „HafenCity Universität" weist durch die Stahlplatten und die Lichtobjekte in Containerform auf die Bedeutung des Hamburger Hafens für die Hansestadt hin. Die eigens dafür konzipierte Lichtshow ist an Wochenenden und Feiertagen zu sehen.

Seite 182/183:
Zu einer Institution ist der Gasballon geworden, der an den Deichtorhallen fest verankert ist und nur aufsteigt, aber nicht fährt. Den Gästen in der Gondel bietet sich eine großartige Aussicht auf die Stadt, so wie hier auf den Klostertorkomplex und die geschwungenen Großmarkthallen im Hintergrund. Die Abstellgleise der Bahn sind für den Betrieb des nahe gelegenen, völlig überlasteten Hauptbahnhofs überlebensnotwendig.

Mit bis zu rund einer halben Million Reisenden täglich ist der Hamburger Hauptbahnhof der meistfrequentierte Fernbahnhof in Deutschland. Das Problem für die Bahn: Da sich die Gleisanlagen im ehemaligen Wallgraben befinden, besteht keine Möglichkeit, mehr Platz zu schaffen. Hallenkonstruktion und Gleisanlagen entsprechen in vielen Details noch den Anfängen des Bahnhofs im Jahr 1906.

Rund um den Bahnhof Berliner Tor in St. Georg wurden in den vergangenen Jahren große Geschäftshäuser errichtet: Der Büro-, Wohn- und Hotelkomplex des Berliner Tor Centers zählt mit 90 Metern zu den höchsten Gebäuden Hamburgs.

Gegenüber dem Berliner Tor Center und somit schon im Stadtteil Hammerbrook haben Hadi Teherani und Kollegen Anfang des neuen Jahrtausends den Berliner Bogen errichtet. Das im Volksmund Gürteltier genannte Gebäude hat einen besonderen Keller: Dort betreibt die Stadtentwässerung ein Mischwasserrückhaltebecken, mit dessen Hilfe bei Starkregen ein Überlaufen der Siele verhindert werden soll.

Auch das Gesicht St. Georgs im Herzen Hamburgs hat sich in den vergangenen Jahren stark verändert. Vielfältig und bunt ist es allerdings geblieben, was nicht nur beim jährlichen Christopher Street Day erlebbar wird, sondern auch im Haus für Kunst & Handwerk, der KOPPEL 66.

Entlang der Langen Reihe in St. Georg findet man eine wilde kulinarische Mischung von einfachsten Restaurants bis zur Spitzengastronomie. Die Altbauten dort zählen mittlerweile zu den Top-Wohnlagen der Stadt – mit entsprechenden Mietpreisen.

Linke Seite:
Klare Sache. An einem sonnigen Wintertag wird die ganze Großzügigkeit der Hansestadt sichtbar. Verschwenderisch erscheint die Weite der Außenalster, die doch mitten in der Stadt liegt.

Wenn die Alster wie hier im Januar 2012 dick zugefroren ist, heißt es für zehntausende Hamburger: Hinaus zum Alstervergnügen! Früher wurden die Buden mit Glühwein und Bratwurst ebenfalls aufs Eis gebracht, heute bleiben sie am Ufer.

Zeigt sich der Winter von seiner schönsten Seite, gibt es kaum einen romantischeren Ort in der Hansestadt als die Außenalster. Eine Schifffahrt mit der Alsterflotte über die fast zugefrorene Alster ist wie ein Wintertraum.

Seite 188/189:
Wenn die Sonne in der warmen Jahreszeit ihre Kraft zeigt – was in Hamburg allen Kritikern zum Trotz sehr häufig der Fall ist – füllen sich die Strände der Elbe und Wiesen der Alster mit Menschen. Fast ein Muss: Das Grillen, das bei einem Spaziergang die unterschiedlichsten Essensdüfte hervorruft. Die nicht die schlechtesten sind!

Hamburg, das Dorf

Lichtspiele an einem der ungezählten Gräben und Kanäle im Alten Land, die zur Be- und Entwässerung der Obstanbaugebiete unerlässlich sind.

Hamburg, das Dorf

Doch, Hamburg ist ein herrliches Dorf. Nicht, weil man ständig Bekannte trifft, ob man nun will oder nicht. Nein, Hamburg ist an seiner Peripherie einfach großartig ländlich, weil es in seinem fetten Grün statt der Enge dörflichen Lebens den Wohlstand einer Metropole atmet. Wer hier Landwirtschaft oder Obstanbau betreibt, hat es zum Kunden nie weit. Und die heimische Scholle gewährt vielen Menschen in der Umgebung ein gutes Auskommen.

Zum Beispiel im Südosten in Hamburgs großem Gemüsegarten, den sogenannten Vier- und Marschlanden. Die ehemaligen Flussinseln im Urstromtal der Elbe sind wie ein Holland en miniature: Schmale Deiche schlängeln sich entlang den zahllosen Kanälen; von ihrer Krone rollt man zu stattlichen Höfen mit großen Ländereien hinab. Wie anders präsentiert sich der Westen Hamburgs. Verlässt man die S-Bahn in Sülldorf, kann man die Nähe der Pferdehöfe entlang der ausgedehnten Waldflächen des Staatsforsts Klövensteen – je nach Windrichtung – schon riechen. Deutlich feiner geht es im Norden der Stadt zu, entlang des oberen Alsterlaufes, in den idyllischen Walddörfern mit ihren schönen Ausflugslokalen und dem benachbarten Naturschutzgebiet Duvenstedter Brook. In ganz Europa ein Begriff ist zudem Deutschlands größtes Obstanbaugebiet, das Alte Land, in der Elbmarsch südwestlich des Stadtzentrums. Man fährt nach Hamburg und nicht in die Stadt, wenn man in Finkenwerder, Francop oder Cranz wohnt. Dem eher gemächlichen Gang der Dinge in diesem Teil der Hansestadt kann auch das alles dominierende Airbus-Werk nichts anhaben. Wenn der A380 über die Pankratius-Kirche in Hamburg-Neuenfelde hinwegdonnert, verlieren die Töne der frisch restaurierten Arp-Schnitger Orgel zwar kurzzeitig ihre Dominanz, der Schönheit der Kirche und des Dorfbilds tut dies keinen Abbruch. Zwischen Finkenwerder und Jork in Niedersachsen werden heute auf rund 10 500 Hektar Anbaufläche jährlich 300 000 Tonnen Äpfel geerntet, für deren Anbau sich das milde, feuchte Seeklima mit rund 1500 Sonnenstunden besonders eignet. Aber auch Birnen, Kirschen, Pflaumen, Beerenfrüchte und Nüsse gedeihen seit Jahrhunderten in üppiger Fülle, ihre Blütezeit ist eine Augenweide. Die vielleicht schönste Art, in das Alte Land zu reisen, ist die Fährfahrt von Blankenese durch das Mühlenberger Loch der Elbe und durch die Este-Schleuse bis nach Cranz. Vom Anleger sind es geschätzte 30 Schritte bis zum ersten Tisch eines Kaffeegartens. Unter Bäumen, versteht sich.

Das Südportal der Alten Harburger Elbbrücke. Die Stahlbogenbrücke aus den Jahren 1897 bis 1899 wird heute nur noch von Radfahrern und Fußgängern genutzt.

Hinter den Bergen

Warum Hamburg in der Wahrnehmung seiner Besucher an den Norderelbbrücken aufhört, bleibt eines der vielen Geheimnisse dieser Stadt. Vielleicht, weil ein alter Arbeiterstadtteil mit hohem Migrationsanteil und einer enormen landwirtschaftlichen Fläche keine Lobby hat. Selbst die Internationale Gartenschau 2013 hat Wilhelmsburg, auf einer der größten Flussinseln Europas gelegen, nicht nachhaltig auf der mentalen Landkarte platzieren können. Aus dem vom Senat angekündigten städtebaulichen Entwicklungsprojekt „Sprung über die Elbe" ist bisher bestenfalls ein Hüpfer geworden. Noch ärger geht es Harburg auf der Südseite der Süderelbe. Dabei kann sich der neue Binnenhafen Harburgs durchaus sehen lassen, sein architektonischer Mix aus Industriegeschichte und Moderne zeigt Mut zu interessanten Brüchen. Der wahre Schatz des Hamburger Südens aber sind seine Berge. Die Harburger Berge. Da bekanntlich alles relativ ist, sind die 116,2 Meter des Hasselbrack, der höchsten Erhebung Hamburgs, schon eine Hausnummer. Wo man als „Berghotel mit Hamburg-Blick" werben und auf seine Vergangenheit als „Sennhütte" verweisen kann, wo man in der „Kärntner Hütte" vespert oder seine Kinder in den Wildpark „Schwarze Berge" einlädt, wird das Image einer Welthafenstadt auf eine ernste Probe gestellt.

Tatsächlich gehören die größtenteils auf niedersächsischem Gebiet liegenden Harburger Berge zu den schönsten Wandergebieten Norddeutschlands, die christliche Seefahrt scheint Lichtjahre entfernt. Einsame Wanderwege mit Kiefernduft, üppige Blaubeerwiesen im sommerwarmen Grün, steile Anstiege und kleine Schluchten sind für jeden Naturliebhaber und Wanderfreund eine erstklassige Adresse. Nicht mal für eine Heidewanderung muss man die Hansestadt verlassen, denn das Naturschutzgebiet Fischbeker Heide am Stadtrand zu Neu Wulmstorf bietet alle Charakteristika ihres „Genres". Zudem ist sie mit einer Größe von 773 Hektar nach ihrer großen Schwester, der Lüneburger Heide, etwas weiter südlich Deutschlands zweitgrößtes zusammenhängendes Heidegebiet.

Wer das ländliche Hamburg entdecken will, kann sein Auto übrigens getrost zuhause lassen und stattdessen mit dem Rad oder zu Fuß auf Entdeckungstour gehen. S-Bahn, U-Bahn und Hafenfähren verlassen am Rand der Stadt die Zivilisation und erschließen ganz und gar stadtuntypisch herrliche Natur. Das von der Tide geprägte Flüsschen Este, der mächtige Sachsenwald mit Bismarcks Ruhestätte oder die rauschenden Wehre der Alster-Seitenflüsse sind ökologisch hochkorrekt im Takt eines der modernsten Nahverkehrsunternehmen der Welt erreichbar. Auch das macht das Leben im großen Dorf so angenehm.

Aus alt mach neu. So wie hier im Stadtteil Finkenwerder sind viele Fachwerk- und Reetdachhäuser in den letzten Jahren zu neuer Blüte gekommen.

Seite 194/195: Wer glaubt, dass die Millionenmetropole Hamburg nur im Takt des Hafens und Handels funktioniert, wird an ihrer Peripherie aus dem Staunen nicht mehr herauskommen: Im Alten Land, den Vier- und Marschlanden oder den Walddörfern setzt die Stille der Natur einen wunderbaren Kontrapunkt zum geschäftigen Treiben.

Stattliche Fachwerkhöfe sind ein architektonisches Charakteristikum des Alten Landes, so wie hier in Neuenfelde.

Idylle pur am alten Deich der Finkenwerder Süderelbe. Der Name der ehemaligen Insel Finkenwerder geht auf die Vogelart zurück, die hier zu früheren Zeiten häufig gefangen wurde.

Bis zur verheerenden Sturmflut von 1962 war der Stadtteil Finkenwerder eine Insel. Als Konsequenz aus den Überschwemmungen wurde die alte Süderelbe an ihren beiden Enden eingedeicht, so dass hier heute die Ruhe eines Binnengewässers spürbar ist.

Das Naturschutzgebiet Westerweiden am Finkenwerder Süderelbe-Ufer dient den Tieren umliegender Bauernhöfe als Weideland. Kaum zu glauben, dass nur wenige Meter entfernt das Werksgelände und der Flughafen von Airbus beginnen.

Oben:
Das Mühlenberger Loch in der Elbe ist ein Naturschutzgebiet am Westrand Finkenwerders. Obwohl es durch den Ausbau des Airbus-Werksgeländes rund ein Fünftel seiner Fläche verloren hat, ist es noch immer eines der größten Elbbiotope zwischen Hamburg und Cuxhaven.

Rechts:
Einer der schönsten Ausflüge in der Hansestadt Hamburg führt vom Anleger in Blankenese mit dem Fährschiff durch das Watt des Mühlenberger Lochs bis in die gegenüber mündende Este hinein. Vom Anleger in Cranz sind es nur wenige Schritte bis zum ersten Gartenrestaurant.

Links:
Die Hubbrücke an der Estemündung ist das wichtigste Verkehrsbindeglied im Straßenverkehr zwischen Hamburg und dem Alten Land. Hier passieren die HADAG-Fähren nach Blankenese und die Schiffe, die zur Pella-Sietas-Spezialschiffwerft fahren.

DEM HERRN DEINE WEGE
Cornflakes

Linke Seite:
Erntedank in der 1597 geweihten St.-Maria-Magdalena-Kirche in Moorburg. Sie wirkt mit ihrem historischen Inneren wie ein Bollwerk gegen die gefräßige Hafenwirtschaft, die mehr und mehr von der Elbinsel Wilhelmsburg, auf der Moorburg liegt, für sich in Anspruch nimmt.

Deutlicher als in Moorburg kann der Kontrast zwischen ländlicher Tradition und urbaner Gegenwart Hamburgs kaum erlebt werden. Wie ein Ungetüm überragt das neue Kohlekraftwerk, das nach neunjähriger Bauzeit 2015 ans Netz ging, die engen Dorfstraßen Moorburgs.

Gottesdienst zu Erntedank in der St.-Maria-Magdalena-Kirche. Das erste Gotteshaus Moorburgs aus dem Jahr 1309 lag noch auf einer Warft, heute ist der Stadtteil zwischen Süder- und Norderelbe komplett eingedeicht.

Ein weiß-rosa Blütentraum erwartet Besucher des Alten Landes zur Zeit der Obstblüte. Kommen keine späten, tiefen Nachtfröste im April und Mai, ist die Ernte gesichert.

Alte und neue Sorten füllen die Lager der Altländer Obstbauern, hier der Hof von Maren Dierks. Gut gekühlt ist die Ware lang haltbar.

Das Leben im Alten Land spielt sich hinter hohen, steilen Deichen ab, die das Marschland gegen Hochwasser schützen. Nirgendwo sonst in Norddeutschland schlug die Flutkatastrophe von 1962 so erbarmungslos zu wie in Hamburg und seinem Umland. Insgesamt 315 Menschen verloren ihr Leben.

Die Beschaulichkeit süddeutscher Streuobstwiesen findet man im Alten Land nicht, doch noch immer wird das Gros der Arbeit mit der Hand erledigt.

Seite 204/205:
Eines der schönsten Gotteshäuser Norddeutschlands steht auf einer Sanddüne im Hamburger Stadtteil Neuenfelde. Die St.-Pankratius-Kirche von 1682 besticht vor allem durch eine hochbarocke Ausstattung mit Norddeutschlands ältestem Kanzelaltar und die berühmte Schnitger-Orgel. Arp Schnitger, einer der berühmtesten Orgelbauer seiner Zeit, seine Frau und seine Tochter sind in der Kirche begraben.

Siehe der
mit Viel Taŭsend Heiligen Gericht zŭ halten über alle, ŭnd zŭ straffen alle ihre Gottlosen ümb alle Wer
ZVR EHREGOTTES VND ZIERDE DER KIRCHEN

ottlosen Wandels, damit sie Gottloß gewesen sind und ümb alle das Harte, das die Gottlosen Sünder wieder ihn ben. Epist. Jud. V. 8

Das Harburger Rathaus im Abendlicht. Der Bau im Stil der Neorenaissance wurde in den Jahren 1889 bis 1892 nach Plänen von Christoph Hehl errichtet.

Die historischen Häuser an der Lämmertwiete sind heute Harburgs Ausgehmeile Nr. 1. Der hübsche Altstadtcharakter steht in deutlichem Gegensatz zum eher nüchternen urbanen Umfeld des großen Stadtteils im Süden.

Das rund 7,5 Hektar große Areal des ehemaligen Harburger Eisenbahngeländes zwischen den Straßen Schellerdamm, Karnapp, Veritaskai und Östlichem Bahnhofskanal ist einer der städtebaulich interessantesten Stadtteile Harburgs. Abseits der renommierten Neubauviertel in Hamburgs City hat sich hier eine interessante architektonische Mischung für das Wohnen und Arbeiten der Menschen entwickelt.

Die Bebauung des Harburger Binnenhafens ist an vielen Stellen interessanter und abwechslungsreicher als die große HafenCity. Die Mischung aus Wohnbebauung und Bürogebäuden an den eher stillen Wasserarmen ist durchaus charmant.

Seite 208/209: Ein ländliches Idyll wie aus einer anderen Zeit eröffnet sich dem Betrachter an der Reitbrooker Mühle. Sie ist die einzige von neun noch auf Hamburger Stadtgebiet erhaltenen Windmühlen mit Originalflügeln aus dem Jahr 1870. Die alte Schrotmühle liegt an der Dove-Elbe in den Marschlanden.

Eggersmann

Linke Seite:
Ein typisches Bild aus den Vierlanden. Landwirtschaft, Pferdezucht und Pferdepflege sind hier in Großstadtnähe ein einträgliches Geschäft.

Das Hufnerhaus mit seiner schönen Fachwerkfassade ist eines der ältesten Gebäude in den Vier- und Marschlanden. Es steht im Stadtteil Neuengamme.

Der Stadtteil Neuengamme im Elbmarschgebiet der Vierlande am Südufer der Dove-Elbe ist vor allem wegen des gleichnamigen Konzentrationslagers bekannt, das eines der größten in Norddeutschland war. Die vielen schmucken Häuser Neuengammes sind ein Geheimtipp für Liebhaber historischer Bausubstanz.

Seite 212/213:
Mit Schloss Bergedorf, dem einzigen noch erhaltenen Schloss der Hansestadt, bietet Bergedorf Bewohnern und Besuchern ein historisches Bonbon. Die von einem Wassergraben umgebene Vierflügel-Anlage beherbergt heute unter anderem eine Außenstelle des Museums für Hamburgische Geschichte.

Linke Seite:
Das Spiekerhus von 1624 ist das älteste Haus im Hamburger Stadtteil Volksdorf und liegt an seinem ursprünglichen Standort im Museumsdorf Volksdorf, einem Freilichtmuseum im Hamburger Nordosten. Das ländliche Hamburg bildet hier inmitten eher städtischer Wohnbebauung eine Exklave.

Das im Heimatstil eingerichtete Landherrenzimmer im Bergedorfer Schloss, einer Dependance des Museums für Hamburgische Geschichte, erinnert an die Vergangenheit des Gebäudes als Verwaltungssitz.

Weidende Schafe gehören zum Bild an Hamburgs Elbdeichen immer dazu. Sie sind das beste „Pflegemittel" zum Schutz der Grasnarbe.

Am Curslacker Deich, im Südosten Hamburgs, steht das Rieck-Haus aus dem Jahr 1533. Bauerngarten, Scheuer, Heubarg und Kokerwindmühle gehören ebenfalls zum Areal der bäuerlichen Anlage.

Schon seit 1252 quert eine Fährverbindung die Elbe im Südosten Hamburgs. Der Fähranleger am Nordufer der Elbe ist der südlichste Punkt Hamburgs. Die Linie Zollenspieker–Hoopte ist die einzige noch bestehende Autofährverbindung der Hansestadt.

Beliebter Treffpunkt für Biker ist das Zollenspieker Fährhaus an Hamburgs südöstlicher Landesgrenze. Während der warmen Monate setzt eine kleine Fähre von hier aus auf die andere Elbseite nach Niedersachsen über.

Der „Zollspeicher" hat über Jahrhunderte für Einnahmen aus der Elbschifffahrt gesorgt, eine Schanzenanlage schützte das Haus gegen Angriffe von der Wasserseite. Als beliebtes Ausflugslokal wird das Zollenspieker Fährhaus von Gästen aus nah und fern besucht.

Neuwerk – Hamburgs nördlichster Außenposten

Hamburg liegt an der Nordsee – zumindest ein kleiner Teil des Bundeslandes. Rund 120 Kilometer Luftlinie von der Innenstadt entfernt befindet sich Hamburgs nördlichster Außenposten. Viel Staat ist zwar mit den in der westlichen Elbmündung liegenden Inseln Scharhörn, Nigehörn und Neuwerk nicht zu machen – die Mehrzahl der Bewohner räkelt sich am liebsten faul auf Sandbänken oder nutzt die Ruhe zum Ausbrüten der Jungen. Doch immerhin hat die Hansestadt über diesen kleinen Umweg einen direkten Zugang zu Strand und Meer.

Von der Festung zur Sommerfrische

Neuwerk wurde tatsächlich als ein Außenposten gegründet. Bis 1286 gehörte die „Nige O" dem Herzog von Sachsen-Lauenburg, wurde dann aber zur Hälfte der Hansestadt überlassen. Das hatte einen handfesten seemännischen Grund: Die Einfahrt in die Elbe und die Revierfahrt sind anspruchsvoll, schon seit dem Mittelalter besteht Lotsenpflicht. Mit zunehmender Bedeutung des Hafens wollten die Hanseaten auf der Insel O einen Turm als Seezeichen, vor allem aber als Vorposten gegen See- und Strandräuber errichten. 1310 wurde dieser in Betrieb genommen, rund 80 Jahre lang war dort ein Hauptmann stationiert. Dann übernahm das Amt Ritzebüttel, das heutige Cuxhaven, auf der gegenüberliegenden Landseite, die Verteidigung. Der Turm blieb aber mit Amtmännern besetzt. 1814 erhielt der wuchtige Backsteinbau ein Leuchtfeuer, das 200 Jahre lang offizielles Richtfeuer an der Elbe war. Seit 2014 wird er als privates Leuchtfeuer von der Hamburg Port Authority betrieben. Denn er ist nicht nur Hamburgs ältestes Bauwerk, sondern auch der letzte Festungsbau der Stadt. Neben dem Leuchtturm gab und gibt es weitere Seezeichen, unter anderem die sogenannte Ostbake. Mehrfach in ihrer Geschichte wurde sie vom Sturm umgeworfen, zuletzt von Orkan Kyrill. Seit 2009 steht das zweite Wahrzeichen Neuwerks allerdings wieder felsenfest im Meer.

Vom Vogelschutzgebiet zum UNESCO-Weltnaturerbe

Die Funktion als nördlichster Außenposten Hamburgs verlor die Insel endgültig mit Beginn des 20. Jahrhunderts. Seit 1905 ist Neuwerk ein Seebad. Verteidigt wird dort seither nur noch der Lebensraum der vielen Vogelarten und Seetiere. Und das schon seit 1939. Mag sein, dass auch die bis heute einzigartig schönen Fotografien, die der vielfach ausgezeichnete Fotograf und Dokumentarfilmer Alfred Ehrhardt zwischen 1933 und 1936 vom Wattenmeer machte, dazuhalfen. Sicher jedoch trug das unermüdliche Bemühen der Vogelschützer des Vereins Jordsand schließlich Früchte: 1939 wird Neuwerk als Vogelfreistätte Scharhörn unter Naturschutz gestellt, 1990 in den Rang eines Nationalparks erhoben.

Rechts: Aus der Vogelperspektive zeigen sich die Inseln und Sände in der Elbmündung in ihrer ganzen Komplexität. Die ausgeprägten Gezeiten in der Deutschen Bucht sorgen für ständig wechselnde Untiefen. Alle Fahrwasser zu den Inseln, in die Weser und in die Elbe müssen regelmäßig kontrolliert und gegebenenfalls ausgebaggert werden.

Wer Neuwerk umrunden möchte, benötigt dafür circa eine knappe Stunde. Das Leben auf der Insel scharrt sich um den Leuchtturm aus dem Jahr 1310. 40 Einwohner stehen dabei im Sommer unzähligen Besuchern gegenüber.

Links:
Das Spektakuläre von Neuwerk liegt in seinem unspektakulären Auftritt. Der Blick vom Leuchtturm, dem höchsten Gebäude der Insel, geht ausschließlich in die beruhigende Weite.

Zwei Jahre später folgt die Anerkennung des Nationalparks Hamburgisches Wattenmeer mit Neuwerk und den Schwesterinsel als Deutschlands kleinstes Biosphärenreservat durch die UNO. Schließlich wird das gesamte Wattenmeer der Nordsee, das sich von den Niederlanden über Deutschland bis nach Dänemark erstreckt, 2009 zum UNESCO-Weltnaturerbe gekürt. Schützenswerte Wildnis mitten in Europa. So mögen zwar die 40 menschlichen Bewohner Neuwerks und ihre rund 120000 Besucher im Jahr glauben, die Schönheit der Natur diene einzig ihrem Wohlbefinden. Weshalb sie sich auch klaglos zu Fuß durchs Watt oder etwas bequemer per Pferdewagen auf die Insel begeben. Doch eigentlich teilen sich die Herrschaft über Watt, Dünen und Salzwiesen Seehunde, Seevögel und allerlei Getier im Schlick. Deshalb gilt für 90 Prozent der knapp 11 700 Hektar Fläche die Devise „Natur Natur sein lassen“. Nur ein kleiner Teil Neuwerks darf überhaupt bewirtschaftet werden. Dieser konsequente Schutz hat nicht nur zur Folge, dass rund um die Wattenmeerinsel Seehund- und Kegelrobbenkolonien leben und man regelmäßig Schweinswale beobachten kann. Auch verschiedenste Vogelarten von der Brandgans über den Kiebitz bis zum Austernfischer sind dort heimisch. Insbesondere letzterer sorgt immer wieder für Überraschungen bei den Ornithologen, denn der Schnabel des Austernfischers scheint ein äußerst anpassungsfähiges Werkzeug zu sein. Lebt ein Vogel vor allem von Schlickwürmern, ist der Schnabel die passende Pinzette. Andere ernähren sich von Muscheln. Ihr Schnabel verwandelt sich im Laufe der Zeit in einen effektiven Meißel. So macht ein spezialisierter Teil der Austernfischer von Neuwerk mittlerweile seinem Namen alle Ehre – und knackt mit Vorliebe die harten Schalen der eingewanderten Pazifischen Austern.

Wer zur Hamburger Insel Neuwerk in der Elbmündung möchte, kann sein Auto getrost vergessen. Wie vor Hunderten von Jahren fährt man bei Ebbe von Cuxhaven aus mit der Kutsche durch das Watt. Oder man geht zu Fuß. Der Blick auf die Uhr und den Gezeitenkalender ist unerlässlich.

Seite 220/221:
Ottos Gartenlokal ist zugleich der einzige Laden auf Neuwerk. Wie alle anderen Gebäude auch duckt sich die Liegenschaft hinter eng gepflanzte Bäume, die an den vielen Sturmtagen in der Region den Wind etwas zu bändigen wissen.

QUICKBORN
NORDERSTEDT
Hasloh
Glashütte
Duvenstedt
Wohldorf
Ammersbek
SCHLESWIG-HOLSTEIN
AHRENSBURG
Ohlstedt
Lemsahl-Mellingstedt
Bergstedt
Garstedt
Bönningstedt
Ellerbek
Langenhorn
Poppenbüttel
Hohensasel
Sasel
Volksdorf
Schnelsen
Hummelsbüttel
Niendorf
Flughafen Hamburg
Fuhlsbüttel
Ohlsdorfer Friedhof
Wellingsbüttel
Saselheide
Steinzeitfunde
Halstenbek
Holm
Waldenau
SCHENEFELD
Eidelstedt
Groß Borstel
HAMBURG
Ohlsdorf
Bramfeld
Berne
Meiendorf
Stapelfeld
Alsterdorf
Barmbek
Hellbrook
Farmsen
Rahlstedt
WEDEL
Rissen
Lurup
Hagenbecks Tierpark
Lokstedt
Winterhude
Dulsberg
Tonndorf
Sülldorf
Osdorf
Stellingen
Eppendorf
Jenfeld
Schiffsbegrüßungsanlage
Iserbrook
Bahrenfeld
Eimsbüttel
Uhlenhorst
Wandsbek
Barsbüttel
Blankenese
Groß-Flottbek
Ottensen
Eilbek
Marienthal
Grünendeich
Nienstedten
Altona
St. Pauli
St. Georg
Hamm
Horn
Ost-steinbek
GLINDE
Jork
Waltershof
Altstadt
Billstedt
Finkenwerder
Veddel
Billbrook
Estebrügge
Neuenfelde
St. Pankratius
Georgswerder
Moorfleet
Boberg
Lohbrügge
REINBEK
Aumühle
Wilhelmsburg
Billwerder
Bergedorf
Moorburg
Kirchdorf
Spadenland
Allermöhe
Nettelnburg
BUXTEHUDE
Neugraben
Neuwiedenthal
Moorwerder
Ochsenwerder
Neu Wulmsdorf
Fischbek
Heimfeld
Neuland
Marschlande
Achterschlag
Övelgönne
Harburg
Gauert
Horst
Eißendorf
Wilstorf
Bullenhausen
Achterdeich
Curslack
Marmstorf
Hohedeich
Apensen
Langenbek
Warwisch
Vierlande
Neuengamme
Altengamme
Elstorf
Sottorf
Sinstorf
Kirchwerder
Moisburg
NIEDERSACHSEN
Beckedorf
Lütjenburg
Drage
Rosengarten
Tötensen
SEEVETAL
Hittfeld
Stockte
Elbe
Altes Land
Naturpark Harburger Berge
5 km
1 km
Planten un Blomen
Außenalster
Binnenalster
ST. GEORG
NEUSTADT
ALTSTADT
ST. PAULI
HAFENCITY
Hauptbahnhof
Elbphilharmonie
Norderelbe

Fotografen
Walter Fey absolvierte seine Ausbildung zum Fotografen bei „Walter Mettlach" in Saarburg und Trier und besuchte die Bundesfachschule für Fotografie in Hamburg.

Max Galli absolvierte seine Meisterprüfung als Fotograf an der Bundesfachschule für Fotografie in Hamburg und lebt heute als Reisefotograf in St. Moritz. *www.maxgalli.com*

Autoren
Reinhard Ilg und Nadine Kraft leben als Journalisten und Autoren in Hamburg. Sie haben sich auf Reisethemen aus Deutschland, Skandinavien und der Schweiz spezialisiert. Reinhard Ilg betreibt in Hamburg das Redaktionsbüro northern lights text & kommunikation (*www.northernlights.de*), Nadine Kraft u.a. den Reiseblog *www.reiseratte.de*.

Bildnachweis

Walter Fey:
S. 1, S. 4/5, S. 6, S. 14, S. 16, S. 18, S. 25, S. 28 unten, S. 29 unten, S. 30, S. 31 oben, S. 32/33, S. 34 unten, S. 35 oben, S. 36/37 (3 Abb.), S. 38 oben, S. 39, S. 40/41, S. 42/43 (3 Abb.), S. 47 (2 Abb.), S. 48 oben, S. 49 (2 Abb.), S. 50/51 kleine Bilder (3 Abb.), S. 54, S. 55 unten rechts, S. 56/57, S. 58/59 (4 Abb.), S. 60/61 (4 Abb.), S. 62, S. 63 unten, S. 64/65, S. 70/71, S. 72, S. 75, S. 78, S. 79 oben, S. 80/81, S. 82, S. 83 unten, S. 84 (2 Abb.), S. 85 unten, S. 86/87 großes Bild und kleines Bild Mitte, S. 89 oben, S. 90/91, S. 93 (2 Abb.), S. 95 (2 Abb.), S. 96/97, S. 105 (2 Abb.), S. 110/111 großes Bild, S. 114/115, S. 116 unten, S. 119 (2 Abb.), S. 120 oben, S. 121 oben, S. 125 (2 Abb.), S. 127 unten, S. 128 unten, S. 129 oben, S. 130/131, S. 132/133 (3 Abb.), S. 134/135 große Bild und kleines Bild Mitte, S. 136, S. 137 kleines Bild oben, S. 139 oben, S. 143 (2 Abb.), S. 146, S. 147 oben, S. 150/151, S. 152 oben, S. 153 oben, S. 154, S. 156–163 (12 Abb.), S. 165 oben, S. 168/169 großes Bild, S. 170/171 (3 Abb.), S. 174–181 (12 Abb.), S. 184–189 (8 Abb.), S. 192, S. 202 oben, S. 206–217 (16 Abb.).

Max Galli:
Schutzumschlag vorne, Schutzumschlag hinten, S. 2/3, S. 8/9, S. 10/11, S. 12/13, S. 15, S. 17, S. 19, S. 20/21, S. 22/23, S. 24, S. 26/27, S. 28 oben, S. 29 oben, S. 31 unten, S. 34 oben, S. 35 unten, S. 38 unten, S. 44/45, S. 46, S. 48 unten, S. 50/51 großes Bild, S. 52/53, S. 55 oben (2 Abb.) und unten links, S. 63 oben, S. 66/67 (4 Abb.), S. 68/69 (4 Abb.), S. 73, S. 74, S. 76/77, S. 79 unten, S. 83 oben, S. 85 oben, S. 86 kleines Bild links, S. 87 kleines Bild rechts, S. 88, S. 89 unten, S. 92, S. 94 (2 Abb.), S. 98/99 (4 Abb.), S. 100/101, S. 102/103 (3 Abb.), S. 104 (2 Abb.), S. 106/107, S. 108/109 (4 Abb.), S. 110/111 kleine Bilder (3 Abb.), S. 112/113 (4 Abb.), S. 116/117 oben, S. 117 unten, S. 118, S. 120 unten, S. 121 unten, S. 122/123, S. 124, S. 126 (2 Abb.), S. 127 oben, S. 128 oben, S. 129 unten, S. 134 kleines Bild links, S. 135 kleines Bild rechts, S. 137 kleines Bild unten, S. 138, S. 139 unten, S. 140/141, S. 142 (2 Abb.), S. 144/145 (4 Abb.), S. 147 unten, S. 148/149 (4 Abb.), S. 152 unten, S. 153 unten, S. 155 (2 Abb.), S. 164 (2 Abb.), S. 165 unten, S. 166/167 (4 Abb.), S. 168/169 kleine Bilder (3 Abb.), S. 172/173, S. 182/183, S. 190/191, S. 193, S. 194–201 (11 Abb.), S. 202 unten, S. 203 (2 Abb.), S. 204/205, S. 218/219 kleine Bilder (3 Abb.), S. 220/221.

Ralf Roletschek / *www.roletschek.de* – Fahrradtechnik und Fotografie: S. 218/219 großes Bild.

Impressum

Buchgestaltung
Matthias Kneusslin
www.hoyerdesign.de

Karte
Fischer Kartografie, Aichach

Printed in Italy
Repro: Artilitho snc, Lavis-Trento, Italien, *www.artilitho.com*
Druck/Verarbeitung: Grafiche Stella srl, Verona, Italien

ISBN 978-3-8003-4823-7